PRINCIPES

DE

L'EXPROPRIATION

POUR CAUSE D'UTILITÉ PUBLIQUE

DANS LE DROIT ROMAIN ET DANS LE DROIT FRANÇAIS

PAR

M. DE PAPARIGOPOULO

DOCTEUR EN DROIT

PARIS

IMPRIMÉ PAR E. THUNOT ET Cᶦᵉ

RUE RACINE, 26

1863

PRINCIPES

DE

L'EXPROPRIATION

POUR CAUSE D'UTILITÉ PUBLIQUE

PRINCIPES

DE

L'EXPROPRIATION

POUR CAUSE D'UTILITÉ PUBLIQUE

DANS LE DROIT ROMAIN ET DANS LE DROIT FRANÇAIS

PAR

M. DE PAPARIGOPOULO

DOCTEUR EN DROIT

PARIS

IMPRIMÉ PAR E. THUNOT ET C**

RUE RACINE, 26

1863

Mon père,

La reconnaissance que j'éprouve pour les soins dont vous avez entouré mon existence et les études dont vous avez toujours essayé de m'inspirer le goût me fait désirer ardemment de vous voir accepter l'hommage de ce léger travail.

J'ose espérer qu'il sera accueilli avec votre bienveillance ordinaire et que vous ne montrerez pas une trop grande sévérité pour les taches peut-être nombreuses qui ont pu rester dans cet essai sur les principes de l'expropriation romaine et française.

Paris, 29 août 1865.

AVANT-PROPOS.

Pendant mon séjour en Allemagne, lorsque j'écrivais sur les hypothèques, objet de ma thèse de doctorat, un point très-intéressant se présenta plusieurs fois à mes méditations, celui de l'expropriation pour cause d'utitité publique.

Je me suis promis de m'en occuper sérieusement lors de mon passage en France, où les matériaux les plus abondants devaient se rencontrer par suite des travaux plus que considérables d'utilité publique qui sont entrepris depuis trop longtemps déjà en ce pays. Je n'ai donc pas voulu quitter la France, où les difficultés sur les expropriations ont surgi plus que partout ailleurs, sans examiner les ouvrages et opinions de quelques savants sur ce sujet, qui malheureusement jusqu'à présent a été peu discuté.

Le fardeau sans doute est trop lourd pour mes faibles facultés; mais la bienveillance que j'ai toujours trouvée dans mes études me soutient dans ce travail, et j'ose compter que mon zèle pourra suppléer à la connaissance si nécessaire des principes tant du droit romain que du droit français en cette matière, pour décider le lecteur patient à lire ce petit ouvrage jusqu'à la fin.

DE L'EXPROPRIATION

Nous devons d'abord exposer les règles de l'expropriation pour cause d'utilité publique dans le droit romain et terminer notre sujet par celles suivies dans le droit français.

La définition que les Romains donnaient pour la propriété est devenue classique ; ils disaient qu'elle est *plena in re potestas*, et lorsqu'il s'agissait de décomposer cette puissance entière, les jurisconsultes adoptaient une division triple : 1° *jus utendi*, le droit d'user de la chose ; 2° *jus fruendi*, le droit d'en retirer tous les avantages ; 3° *jus abutendi*, le droit d'aliéner, de disposer, et même de détruire la chose dont on est propriétaire.

De cette division découle la conséquence que le maître d'un objet peut transférer à autrui soit la totalité, soit une partie de ces aliénations volontaires, mais bien d'une série de circonstances dans lesquelles la propriété est atteinte par la volonté directe et immédiate du législateur : là on peut rencontrer, soit une privation entière de la propriété, soit des restrictions apportées à l'exercice des droits du propriétaire.

Nous voulons étudier seulement ce second point de vue, mais en laissant de côté ce qui touche aux impôts, aux confiscations, à l'accession, etc. En un mot, nous voulons essayer de résumer les principes de ce qu'on appelle en droit français l'expropriation pour cause d'utilité publique et les servitudes.

Les mots *expropriation pour cause d'utilité publique* signifient la prise d'une propriété tout entière soit par l'État, soit par une fraction de cet être moral. Mais ce n'est pas une spoliation ; en principe, le particulier reçoit une indemnité équivalente, de telle sorte qu'on ne lui impose, dans l'intérêt de tous, qu'un sacrifice de satisfaction individuelle.

Peut-être l'exproprié mettrait-il au-dessus de

toute indemnité la faculté de garder sa chose : *Finge*, comme dit Celius, *aliquem laribus avitis carendum ;* n'importe, l'intérêt général doit faire céder la volonté d'un seul, car la société n'est possible qu'à la condition de sacrifices plus ou moins considérables faits par chacun de ses membres.

Quant aux servitudes légales, il faut s'entendre sur la signification vraie de ces mots. Il n'y point là des charges imposées à un fonds pour l'usage et l'utilité d'un autre fonds appartenant à un propriétaire différent ; les servitudes légales sont des limitations apportées à la *plena in re potestas* dans l'intérêt général, et dès lors on peut les considérer comme des expropriations partielles pour cause d'utilité publique directe ou indirecte : *directe*, lorsque le propriétaire, limité dans l'exercice de son droit, se trouve en présence de la société elle-même ; *indirecte*, lorsque la loi l'oblige à faire un sacrifice partiel de ses droits ou de leur exercice en faveur d'un particulier, parce qu'il doit en résulter un fait économique réagissant sur la prospérité ou la tranquillité générale.

En voici un exemple de la législation française pour bien faire saisir notre pensée.

Le propriétaire d'une source n'a pas le droit de la détourner lorsqu'elle fournit l'eau nécessaire aux habitants d'une commune, d'un village ou d'un hameau... Voilà une expropriation partielle directe.

Si nous prenons, au contraire, la disposition qui permet à un propriétaire joignant un mur de le rendre mitoyen en tout ou en partie en remboursant au maître du mur la moitié de sa valeur, ou la moitié de la valeur de la portion qu'il veut rendre mitoyenne et moitié de la valeur du sol sur lequel le mur est bâti, nous rencontrons ce que nous proposerions d'appeler l'expropriation pour cause d'utilité publique indirecte.

Lorsque le propriétaire d'un fonds enclavé contraint un voisin à lui vendre un passage jusqu'à la voie publique, on évite une diminution de la richesse sociale puisque l'on conserve la possibilité de cultiver un champ qui, sans cela, serait resté stérile. Nous trouvons encore dans les lois sur les irrigations et sur le drainage des applications de la même idée.

Ces principes se retrouvent sans aucun doute dans le droit romain, parce que dans toutes les sociétés organisées on rencontre les mêmes besoins généraux ; les développements seulement et les applications varient suivant le temps et suivant les travaux publics à faire, routes, aqueducs, temples, etc. Dès lors partout on retrouve la nécessité de l'expropriation pour cause d'utilité publique. Le simple bon sens nous fait comprendre que le droit individuel doit céder devant l'intérêt général. Par exemple, pour fortifier une ville, pour la mettre à l'abri des attaques de ses ennemis, il faut mener une fortification jusqu'à la mer. Le propriétaire doit céder son terrain. Nous croyons pouvoir affirmer que le principe se retrouve partout, comme nécessaire à l'existence et au développement de la société.

Il nous est arrivé de lire dans quelques auteurs et dans quelques thèses de doctorat que l'expropriation pour cause d'utilité publique était inconnue à Rome. Nous combattrons bientôt cette allégation par des textes précis ; mais sans même recourir aux monuments législatifs, comment une pareille pensée peut-elle venir à l'esprit ? Il n'y a pas de peuple au monde qui ait fait plus de travaux publics que les Romains ; leurs routes seules s'étendaient depuis la mer Noire jusque dans la Grande-Bretagne (1) ; on sait que la ligne droite était la direction toujours suivie, et il aurait suffi du mauvais vouloir d'un propriétaire pour arrêter le développement de la voie Appienne, par exemple. Cela n'est pas croyable.

Cependant, pour établir l'opinion que nous combattons, on cite un passage de Suétone dans la vie d'Octave-Auguste, ch. CVI ; il dit :

(1) Bergier, *Histoire des grands chemins de l'empire romain*, liv. 3, et *passim*.

Forum angustius fecit, non ausus extorquere possessoribus proximas domos. Mais on ne fait pas attention qu'il s'agit ici d'un travail fait, non pas aux frais de l'État, mais aux frais d'Auguste agissant comme simple citoyen, voulant contribuer à l'ornement de Rome ; Suétone le dit lui-même dans son chapitre XXIX : *Publica opera plurima exstruxit : ex quibus vel præcipua, Forum cum æde Martis Ultoris....* Et il ajoute : *Quædam etiam opera sub nomine alieno nepotum scilicet et uxoris sororisque facit... sed et cæteros principes viros sæpe hortatus est, ut pro facultate quisque monumentis vel novis, vel refectis, excultis, urbem adornarent. Multaque a multis exstructa sunt....* On comprend que dans ces circonstances les particuliers pouvaient refuser de vendre leurs maisons à d'autres particuliers qui voulaient s'illustrer par leurs libéralités (1). Mais, nous le répétons, nous établirons bientôt, par les textes les plus formels, que, pour les travaux publics, la résistance individuelle cédait devant l'intérêt général.

Une fois le principe admis, nous devons ajouter une explication. En France, et depuis quelques années seulement, il y a une législation précise sur ces matières, encore n'y est-on

(1) C'est encore à ce genre de travaux qu'il faut rattacher le texte de Cicéron, *ad Atticum*, liv. 4, 17 : *Cum privatis non poterat transigi minore præmio.*

arrivé qu'après bien des tâtonnements (1) ; toutefois, il y a déjà des règlements administratifs,
des commentaires bien faits, des décisions des
tribunaux judiciaires ou administratifs. Pour
le droit romain il est autrement ; nous ne pensons pas qu'il ait une codification spéciale de
l'expropriation pour cause d'utilité publique.
Les lois qui existaient sont perdues en grande
partie ; il faut rechercher un à un les textes ou
les renseignements épars. Aucun auteur, à notre connaissance, ne s'est encore occupé spé-
cialement de cette partie de la théorie de la propriété ; cependant, tout en n'espérant poser que
des jalons, nous n'avons pas cru devoir reculer
devant ce travail long et aride. On insiste beaucoup sur les modes constitutifs de la propriété
quiritaire, sur les servitudes établies par le fait
de l'homme, mais on laisse de côté presque
toutes les limitations venant directement de la
loi ; cela tient à ce que les textes élémentaires
sont à peu près muets sur ce point.

Disons, en terminant cette introduction, qu'il
ne nous a pas été possible de suivre régulièrement le développement historique de la matière ;
nous nous plaçons à l'époque de Justinien, en
rattachant au *corpus juris* tous les textes qui ont
précédé.

(1) Voir les lois du 16 septembre 1807, du 8 mars 1810, du 7 juillet 1835, du 5 mars 1841, et le sénatus-consulte du 25 décembre 1852.

Voici le plan que nous suivrons pour cette époque :

Première partie. De l'expropriation totale pour cause d'utilité publique.
    A. Cas dans lesquels avait lieu l'expropriation.
    B. Choses sur lesquelles elle s'exerçait.
    C. Par qui était prononcée l'expropriation.
    D. Formes et conditions de l'expropriation.
    E. Calcul et payement de l'indemnité.

Deuxième partie. Restrictions apportées à l'exercice du droit de propriété par des raisons d'utilité publique directe, c'est-à-dire servitudes légales dans l'intérêt public.

Troisième partie. Restrictions apportées à l'exercice du droit de propriété par des raisons d'utilité publique indirecte, c'est-à-dire servitudes légales dans l'intérêt des particuliers.

PREMIÈRE PARTIE.

DE L'EXPROPRIATION TOTALE POUR CAUSE D'UTILITÉ PUBLIQUE.

SECTION A.

Cas dans lesquels avait lieu l'expropriation.

En principe, l'expropriation n'avait lieu que pour des causes d'utilité publique.

Si tout l'État était intéressé, nous avons déjà démontré par le raisonnement la nécessité de l'expropriation.

Mais faut-il aller plus loin, et les personnes morales, dont l'agrégation formait l'État romain, pouvaient-elles y avoir recours? ainsi les villes, les municipes, les *pagi*, les *vici*, les corporations organisées?

Pour les municipes et les *pagi*, le doute ne nous semble pas possible, car ils avaient à faire des travaux publics importants, comme des aqueducs, des greniers pour réunir les denrées dont la prestation était faite en nature; des routes, dont l'entretien était surveillé par des magistrats spéciaux, puisque nous lisons dans Siculus Flaccus : *Vicinales autem viæ , de publicis quæ divertiuntur in agros, aliter muniuntur per pagos, id est per magistratos pagorum , qui operas a possessoribus ad eas tuendas exigere soliti sunt.* (Siculus Flaccus, p. 27, édition de Giraud.) Nous trouvons également au Code Théodosien un texte qui nous paraît fournir un argument : En l'an 425, les empereurs Honorius et Théodore ordonnent à Valentinien, préfet de la ville de Constantinople, d'exproprier des maisons pour augmenter l'étendue des *exedræ* (salles de conférence) attenantes à une partie des écoles publiques de la ville (loi 53, *De operibus publicis*, Code Théod., liv. 15, titre 1ᵉʳ) : *Vicinarium spatia cellularum ex utriusque lateris portione oportet adjungi, ne quid aut ministris eorumdem locorum desit aut populis.* On pourrait cependant objecter que si cette expropriation a lieu dans l'intérêt de la ville de Constantinople, elle est ordonnée par les empereurs; mais voici un cas où la même difficulté ne se présente plus. Le jurisconsulte Ulpien, énumérant les charges qui pèsent sur l'usufruitier, y comprend l'obligation où étaient quelquefois les propriétaires de vendre aux municipes leurs denrées à un prix très-bas : *Nam solent possessores certam partem fructuum*

municipiis viliori pretio addicere (fr. 27, § 3,
De usufructu, Dig., 7, 1). Nous retrouvons cette
obligation de vendre des denrées comme exis-
tant de cité à cité. (Voir la loi 2, Code Just., *Ut
nemini liceat*, liv. 10, tit. 27.)

Nous ne pensons point que les corporations,
telles que celles des *pistores*, des *navicularii*,
des *fabricenses*, etc., bien que très-vigoureuse-
ment organisées, aient pu arriver à l'expropriation dans leur propre intérêt.

Nous dirons donc que l'expropriation pour
cause d'utilité publique avait lieu : 1° dans l'intérêt de l'État; 2° dans l'intérêt des cités régulièrement organisées.

SECTION B.

*Sur quelles choses peut porter l'expropriation
totale.*

D'abord sur les immeubles ; mais nous devons
faire une remarque : dans la législation française, l'expropriation ne porte que sur la partie
utile aux travaux publics; l'administration n'est
obligée à prendre la totalité du fonds que dans
le cas de l'art. 50 de la loi du 30 mai 1841. Il
semble qu'à Rome il en était autrement, et que

les propriétaires avaient le droit de faire acheter tout le champ dont une partie était nécessaire.

Frontinus, dans son traité *De aquæductibus urbis Romæ*, nᵒ 128, parle sur ce sujet. Dans son texte, Frontinus conteste que jamais on n'ait admis le principe de la dépossession du propriétaire sans indemnité (*eripere*), mais on le forçait à vendre la totalité de son champ; nous ne pensons pas qu'il faille limiter ce droit aux conduites d'eau, il est probable qu'il devait en être de même pour la confection des routes.

Quant aux maisons, sans multiplier les citations, nous nous contenterons de transcrire la loi 9 au Code Justinien, *De operibus*, liv. 8, tit. 12.

Imperatores Theodorius, Arcadius et Honorius Augusti Aureliano præfecto urbis.

Si quando concessa a nobis licentia fuerit exstruendi, id sublimis magnificentia tua sciat esse servandum, ut nulla domus inchoandæ publicæ gratia diruatur, ut si usque ad quingenta libras argenti pretii taxatione æstimabitur. De ædificiis vero majoris pretii ad nostram scientiam referatur, ut, ubi amplior ponitur quantitas, imperialis extet auctoritas. Cette loi est de l'an 393; elle contient des données dont nous aurons à nous servir plus tard; constatons seulement dès à présent que les empereurs prévoient le cas de maisons prises pour faire des travaux publics sur leur emplacement.

Les lois de Rome et de Constantinople étaient allées plus loin que la législation française, car elles admettaient l'expropriation même pour les objets mobiliers.

Nous avons déjà dit que les municipes pouvaient, dans certaines occasions, prendre des denrées aux particuliers, *etiam viliori pretio;* ce droit appartenait également au fisc, c'est ce qu'on appelait *fusiones fisco præstare.* On le lit dans la loi au Code Justinien : *Ut nemini liceat,* liv. 10, tit. 27.

Tacite en ses *Annales*, liv. 5, chap. 137, raconte un fait qui rentre dans notre principe d'expropriation pour cause d'utilité publique. Le peuple se plaignait de la cherté du blé : *Sævitiam annonæ incusante plebe, (Tiberius) statuit frumento pretium quod emptor penderet, binosque numeros se additurum negotiatoribus in singulos modios.* Voilà les marchands de blé obligés de vendre à un prix déterminé, moyennant une indemnité payée par l'empereur; il y a évidemment atteinte portée à la propriété particulière dans l'intérêt général.

Il y avait surtout à Rome une propriété mobilière dont on pouvait être exproprié dans bien des circonstances, touchant plus ou moins à l'utilité publique : nous voulons parler des esclaves.

Citons d'abord des cas où l'utilité publique est directement indiquée.

L'esclave qui a dénoncé le meurtre de son maître devient libre, *sententia præsidis* (loi 1, Code Just., *Pro quibus causis*, liv. 7, tit. 8). On ne dit point si le fisc payera une indemnité à l'héritier de la personne assassinée; la négative est probable, car il y a service rendu à la famille comme à la société. Mais dans d'autres hypothèses l'indemnité est prévue; ainsi nous lisons pour les esclaves qui dénoncent les faux monnayeurs : *Servi qui monetario adulterinam monetam clandestinis sceleribus exercentes in publicum detulerint civitate romana donentur ut eorum domini pretium a fisco præcipiant* (loi 2, Code Just., *Pro quibus causis*, liv. 7, tit. 12). Les lois 3 et 4, *eod. tit.*, contiennent la dation de la liberté et de la cité pour les esclaves qui dénoncent un rapt, qui font retrouver les déserteurs; il est évident que le fisc devait, dans ces cas, comme pour les faux monnayeurs, indemniser les maîtres dépossédés.

Nous lisons encore dans les *Annales* de Tacite, liv. 3, chap. 67, que le trésor public avait acheté les esclaves de Silanus pour les mettre à la torture et les faire déposer contre leur maître : *Servos quoque Silani, ut tormentis interrogarentur, actor publicus mancipio acceperat.* Était-ce là une règle générale ou simplement une mesure ordonnée par Tibère? Nous croirions volontiers que le principe en lui-même était discuté, car Ulpien prévoit la question dans le fragm. 1, au Digeste, *De quæstionibus*, § 18, liv. 44, tit, 18 : *Cum quidam deponere pretium servi paratus esset ut servus torqueretur contra dominum : imperator noster cum divo patre suo id non admiserunt.* Il faut conclure de ce texte que la question était douteuse puisqu'elle a été tranchée par Alexandre Sévère et Caracalla ; mais laissant de côté le point de vue de l'interrogatoire, *in caput domini*, il est certain qu'en d'autres circonstances on pouvait faire mettre l'esclave d'autrui à la torture en offrant son estimation, sans que le maître pût, en refusant ce prix, arrêter le cours de la justice criminelle.

Remarquons enfin que lorsque l'on interrogeait les esclaves *in caput domini*, par exemple lorsque le maître était accusé d'adultère ou du crime de lèse-majesté, on les vendait toujours, pour qu'ils n'eussent pas, suivant leur déposition, à craindre la vengeance du propriétaire ou à compter sur sa reconnaissance (fr. 27, §§ 11, 12, 13, 14, *De quæstionibus*, Dig., liv. 48, tit. 5).

En dehors du droit criminel, tantôt des principes d'humanité, tantôt des idées de religion et de morale ont fait admettre l'expropriation des esclaves.

Tout le monde connaît l'obligation imposée par Antonin le Pieux aux gouverneurs des provinces de faire vendre, *bonis conditionibus*, les esclaves maltraités par leurs maîtres, et qui se sont réfugiés auprès de la statue de l'empereur (Institutes, liv. 1, tit. 8, § 2). Puis lorsqu'il s'agit de l'esclave commun, que l'un des maîtres veut affranchir pendant que l'autre s'y oppose, on sait comment le *jus accrescendi* venait autrefois entraver les institutions les plus libérales. Mais les empereurs établirent encore ici une sorte d'expropriation protectrice de la liberté. Justinien nous fait l'historique de cette législation dans la loi 1 au Code, *De communi servo manumisso*, liv. 7, tit. 7. Enfin Justinien conclut en décidant qu'il n'y aura plus de différence sur ce point entre les *pagani* et les *milites*, entre les libertés données par testament ou entre-vifs; les copropriétaires doivent vendre leurs parts à ceux qui veulent affranchir, et, pour éviter toute difficulté sur le prix à payer, l'empereur le fixe dans le § 2 de cette même loi, en le faisant varier depuis 10 solides pour l'esclave ordinaire âgé de dix ans au plus, jusqu'à 70 solides pour l'esclave eunuque qui a un état.

Un exemple curieux d'expropriation pour cause religieuse, et sans indemnité, se trouve dans la loi 6, § 3, au Code de Justinien, liv. 1ᵉʳ, tit. 3. *De episcopis et clericis, etc. : His ita dispositis, repetita lege jubemus ut nullus judæus vel paganus vel hæreticus servos christianos habeat : quod si inventi in tali reatu fuerint, sancimus servos omnibus modis liberos esse... in præsenti autem hoc amplius decernimus : ut si quis ex prædictis judæis, vel paganis, aut hæreticis habuerit servos nondum catholicæ fidei sanctissimis mysteriis imbutos, et prædicti servi desideraverint ad orthodoxam fidem venire; postquam catholicæ ecclesiæ sociati fuerint, in libertatem modis omnibus ex præsenti lege eripiantur... nihil pro eorum pretiis penitus accipientibus dominis.* On ne peut s'empêcher de remarquer que cette loi a dû opérer un grand nombre de conversions parmi les esclaves ; resterait à savoir si elles étaient sincères.

SECTION C.

Par qui était prononcée l'expropriation.

Pour résoudre cette question, il faut distinguer les périodes historiques et les objets auxquels s'appliquait l'expropriation.

Sous la république, les travaux d'utilité

générale étaient votés dans le sénat, qui déterminait les fonds qu'on devait y employer. Ensuite, c'étaient ordinairement les censeurs qui exécutaient la décision ; ceci est établi par un grand nombre de textes; nous allons en citer seulement quelques-uns.

Voici ce que nous lisons dans Tite-Live, liv. 44, chap. 16. Pendant la guerre de Macédoine, *censores censum idibus decembribus severius quam ante habuerunt..... ad opera publica facienda, quum iis dimidium ex vectigalibus ejus anni attributum ex senatus-consulto a quæstoribus esset, Ti. Sempronius ex ea pecunia, quæ ipsi attributa erat, ædes P. Africani pone veteres ad Vertumni signum, lanienasque et tabernas conjunctas in publicum emit, basilicamque faciendam curavit, quæ postea Sempronia appellata est.*

En l'absence des censeurs, les travaux publics étaient confiés aux préteurs ou à d'autres magistrats. (Voir Cicéron, dans son deuxième discours contre Verrès, liv. 1, chap. 49 à 58.) Frontinus, dans son commentaire *De aquæductibus*, nᵒˢ 6-7, nous apprend que le censeur Curius Dentatus avait fait un traité pour conduire l'Anio dans Rome.

Ainsi, voilà le principe bien établi : le sénat dit quel sera le travail à faire ; il vote les fonds, les censeurs ou d'autres magistrats désignés exécutent. Dès lors ce sera à ces magistrats qu'il appartiendra de désigner les propriétés privées qu'il faudra acheter à l'amiable, ou exproprier en cas de résistance.

Quant aux édiles curules, ils avaient à surveiller et à entretenir les travaux publics une fois faits, plutôt que la charge de les faire coustruire.

Ce que nous disons pour Rome est-il également vrai pour les provinces et pour les municipes? Dans les provinces, les proconsuls, réunissant les fonctions de tous les magistrats à Rome, pouvaient ordonner des travaux publics, et par suite des expropriations. Cependant, régulièrement, c'était encore du sénat que venait l'ordre, car les gouverneurs ne pouvaient pas établir d'impôts sur les provinces sans un sénatus-consulte qui les y autorisât. Ulpien dit dans le fr. 7, § 1, au titre *De officio proconsulis*, Dig., liv. 1er, tit. 16 : *Ædes sacras et opera publica circumire inspiciendi gratia an sarta, tectaque sint vel an aliqua refectione indigeant : et si qua cœpta sunt ut consummentur prout vires ejus reipublicæ permittunt, curare debet.*

Dans les municipes, on retrouvait un sénat, comme à Rome, pour voter les travaux et les fonds nécessaires, puis des magistrats pour les faire exécuter ; on les appelait *operum curatores*. (Voir fr. 17, §7, *De usuris* ; Dig., liv. 22, tit 1 ; fr. 2, § 4, *De operibus publicis.* Dig., liv. 50, tit. 10.)

Dans les premiers temps de l'empire, les travaux publics furent encore décrétés par le sénat; on en voit des exemples dans Tacite. Ainsi au livre 1 des *Annales*, chap. 76: *Eodem anno, continuis imbribus auctus Tiberis plana urbis stagnaverat...; sed remedium coercendi fluminis Accio Capitoni et L. Arruntio mandatum.* Dans le même livre, chap. 74, on lit : *Actum deinde in senatu ab Arruntio et Accio an, ob moderandas Tiberis exundationes, vetarentur flumina et lacus per quos augescit.* On voit dans ces chapitres les députés des colonies et des municipes demander dans le sénat qu'on ne change point le cours des eaux. *Auditæque municipiorum et coloniarum legationes.* Dans le troisième livre des *Annales*, chap. 72 : *Iisdem diebus Lepidus a senatu petivit ut basilicam Pauli... propria pecunia firmaret ornaretque...* (*Adde* Suétone, Tibère, chap. 30; Paul, fr. 23, *De aquæ et aquæ pluviæ*, Dig., liv. 39, tit. 3).

On sait comment, avec le temps, l'importance du sénat diminua sous les empereurs. Lorsque l'on consulte les textes du Code Théodosien et du Code Justinien, on voit que les princes seuls ont le droit d'ordonner les expropriations, sauf pour les cas d'une importance médiocre, laissés à l'arbitrage du gouverneur. Valentinien et Valens, dans une loi adressée à Symmaque (anno 364), s'expriment ainsi : *Intra urbem Romam æternam, nullus judicum novum opus informet, quotiens serenitatis nostræ arbitria cessabunt* (loi 11, *De operibus publicis;* lois 31, 34, *eod.;* code Théod., liv. 15, tit. 1er; loi 13, *De operibus publicis;* Code Just., liv. 8, tit. 13). Cependant si les travaux sont urgents, les gouverneurs devront veiller à ce qu'ils soient faits (loi 18, Code Théod., *De operibus publicis*, liv. 15, tit. 1er). Il s'agit ici de travaux de défense au point de vue militaire, auxquels on appliquait le tiers des impôts. La loi 11 du même titre nous apprend que ces fonds doivent être remis dans chaque province aux *majores civitates* par les *minores.* Pour la ville de Rome, nous avons vu qu'il fallait l'ordre de l'empereur, et nous savons aussi par la loi 30, au Code Théodosien, *De operibus publicis*, liv. 15, tit. 1er, et la loi 9, au Code Justinien, *De operibus publicis*, liv. 8, tit. 12, que pour exproprier les maisons valant plus de 50 livres d'argent, il fallait en référer au prince.

Au Digeste, nous retrouvons cette même obligation; déjà Macer disait : *Publico vero sumptu opus novum sine principis auctoritate fieri non licere, constitutionibus declaratur* (fr. 3, § 1er, D., *De operibus publicis*, liv. 50, tit. 10). Les Novelles reproduisent ce principe; l'empereur ordonne les expropriations; Justinien, dans sa novelle 7, chap. 2, § 1er, déclare que l'empereur pourra prendre même les immeubles des églises, *si qua communis commoditas est ad utilitatem reipublicæ respiciens. Adde* novel. 3, chap. 1ᵉʳ ; nov. 25. chap. 4, § 1ᵉʳ ; novel. 26, chap. 4 ; novel. 30, chap. 8, dans lesquelles on distingue toujours les travaux nouveaux des simples travaux d'entretien.

SECTION D.

Formes et conditions de l'expropriation pour cause d'utilité publique.

Lorsqu'il s'agissait des travaux importants, on commençait par faire une sorte d'enquête *de commodo et incommodo;* ainsi nous avons vu, dans les *Annales* de Tacite, liv. 1, tit 79 : *Auditæque municipiorum et coloniarum legationes...* L'historien ajoute : *Seu preces coloniarum seu difficultas operum, sive superstitio, valuit, ut in sententiam Pisonis concederetur qui nil mutandum censuerat.* Au Code de Justinien nous trouvons une loi d'Alexandre (anno 225), qui mentionne encore l'enquête.

Un propriétaire veut convertir en jardin le sol de sa maison écroulée, le *præses* statuera, après s'être assuré qu'il n'y a pas d'opposition de la part des magistrats du lieu : *item vicino-rum* (loi 3, Cod. Just., *De ædif. privat.*, liv. 8, tit. 10).

La dépossession devait avoir lieu en vertu de l'*imperium* du fonctionnaire qui désignait les terrains sur lesquels devaient porter les travaux. On sait qu'en France, d'après la loi du 11 septembre 1801, la dépossession était opérée par le seul fait de l'autorisation des travaux ; le droit des propriétaires ne consistait plus qu'en une créance contre l'administration. Nous pensons que c'était là le système suivi dans l'empire romain.

Quant au principe de l'indemnité, il est mentionné à peu près partout, à côté du principe d'expropriation. Nous avons déjà vu dans Frontinus, *De aquæductibus*, n° 128, qu'on achetait en entier le terrain de celui qui ne voulait pas en céder une partie à l'amiable ; le même auteur nous a transmis les termes d'un sénatus-consulte fait sous le consulat de Quintus Ælius Tubero et Paulus Fabius Maximus (Frontinus, *De aquæductibus*, n° 125).

Au Code Théodosien, les empereurs, en ordonnant d'exproprier les maisons pour agrandir les *exedræ* des écoles de Constantinople ajoutent : *Sane qui memoratas cellulas probabuntur vel imperatoria largitate, vel quacumque alia donatione, aut emptione legitime possidere, eas magnificentia tua*

competens pro hisdem de publico pretium debe-
bit accipere (loi 53, Code Théod., *De operibus pu-*
blicis, liv. 15, tit. 1ᵉʳ). Dans la novelle 7,
chap. 2, Justinien, parlant des fonds pris aux
églises ou aux monastères, dit : *Undique sacris*
domibus indemnitate servata et recompensanda eis
ab eo qui percepit, æqua aut etiam majore quam
data est.

Pour les esclaves enlevés à leurs maîtres nous
avons trouvé la même règle (lois 1 et 2, Code
Théod. *De lenonibus*, liv. 15, tit. 8. *Pretio com-*
petenti persoluto ; au Code de Justinien, loi 2,
et 1. 3, *Pro quibus causis servi*, liv. 7, tit. 13 ;
Ut eorum domini pretium a fisco percipiant).Pour
les denrées qu'il faut vendre aux villes, voir
loi 2, Code Just. *Ut nemini liceat*, liv. 10, tit. 27,
et les Basiliques, liv. 56, tit. 9, chap. 2.

Il y avait cependant quelques exceptions à
cette règle, mais c'est qu'alors l'expropriation
prenait un caractère de pénalité ; ainsi lorsque
l'on priva les juifs et les hérétiques de leurs esclaves chrétiens : *Nihil pro eorum pretiis penitus*
accipientibus dominis (loi 56, § 3, Code Just.,
De episcopis, liv. 1ᵉʳ, tit. 3). Suétone nous dit, en
parlant de Vespasien, chap. 8 : *Deformis urbis*
*veteribus incendiis ac ruinis erat : vacuas area*s
occupare et ædificare si possessores cessarent, cui-
cumque permisit. Il y a là une sorte d'expropriation au profit de ceux qui construisent sur les

terrains des propriétaires négligents. (Conf.
fr. 7, Dig., *De officio præsidis*, liv. 1er, tit. 18, et
loi 4, eod., *De jure reipublicæ*, liv. 11, tit. 29.)
Au titre du Code Justinien, *De omni agro deserto*,
liv. 11, tit. 58, on trouve une règle analogue
dans la loi et on déclare qu'après deux ans, le
propriétaire qui a abandonné son champ ne
peut plus le reprendre à celui qui l'a mis en
culture : *Nam si biennii fuerit tempus emensum,
omnis possessionis et dominii carebit jure qui siluit.*
Dans la loi 11 ce délai est réduit à six mois.

Ce que nous avons dit pour les immeubles
est incontestable, lorsque le possesseur a en
même temps le *dominium ex jure Quiritium;*
mais que faut-il décider pour les fonds appartenant aux cités, ou pour les fonds provinciaux, qui étaient à César ou au peuple romain ?

Nous n'avons pas l'intention de développer
ici le système des concessions des terrains com-
munaux ou provinciaux, soit en Italie, soit dans
les provinces; nous nous contenterons de rap-
peler qu'il y avait deux modes usités. Tantôt
on concédait à perpétuité, sans se réserver le
droit de reprendre, tantôt dans la concession
la reprise était prévue, ou bien il y avait un
terme fixé. Paul au Digeste, fr. 1, *Si ager vectigalis* (liv. 6, tit. III). Ceci s'appliquait aux
fonds concédés par les municipes, mais on ad-

met généralement que la règle était différente
pour les concessions qui émanaient de la république romaine; elle avait toujours le droit
de les reprendre et sans indemnité (voir Niebuhr, traduction de Golbéry, t. III, p. 183, 191,
195, 197). Seulement sous l'empire, la révocation ne pouvait avoir lieu que par ordre de l'empereur : *Agri publici qui in perpetuum locantur,
a curatore sine auctoritate principali revocari non
possunt* (fr. 2, § 1, *De publicanis et vectig.* Dig.,
liv. 39, tit. 4). Il y a un autre texte au Digeste
qui suppose que la reprise des fonds avait lieu
sans indemnité, car sans cela la question posée
n'aurait pas eu d'intérêt (fr. 2, *De eviction.*,
Dig. 21, 11). On peut rapprocher la première
églogue de Virgile.

Impius hæc tam culta novalia miles habebit!

Nous arrivons donc à la conclusion que voici :
En principe Rome pouvait reprendre sans indemnité (1) l'*ager publicus* concédé soit en Italie, soit dans les provinces. Au contraire, quand il
s'agissait de fonds appartenant aux municipes,
il y avait lieu à indemnité pour les fonds concédés à perpétuité; il en était autrement si la

____

(1) M. de Savigny, dans son *Traité de la possession*, cite un passage
d'Orose qui se rapporte à cette matière. *Eodem anno loca publica, quæ in
circuitu capitalis pontificibus, auguribus, decemviris et flaminibus in posses-
sionem tradita erant, cogente inopia vendita sunt* (Orose, v. 18).

concession avait été faite sans clause de révocation. (Conf. fr. 2 et 3, *Si ager vectigalis*, Dig., liv. 6, tit. 3).

SECTION E.

Calcul et payement de l'indemnité.

Restent trois questions à énumérer :

1° *En quoi consistait l'indemnité donnée?* — Ordinairement elle consistait en argent, *pretium competens*, comme nous l'avons vu dans plusieurs textes ; mais quelquefois on procédait autrement. Tantôt on donnait des terrains en échange de ceux qu'on avait pris, et ceci devait surtout se présenter dans les provinces dont le sol était à l'État ; tantôt on donnait certains droits. Nous en trouvons des exemples dans le Code Théodosien. La loi 50, *De operibus publicis*, liv. 15, tit. 1, rappelle que pour faire le portique des thermes d'Honorius, on a pris les emplacements à des particuliers, et la raison en est : *Cujus decus tantum est ut privatâ juste negligeretur paulisper utilitas.* Pour indemniser ceux qui ont été privés de leurs terrains, on leur donne le droit *super ædificandi*, c'est-à-dire de construire des habitations au-dessus du portique, et la loi ajoute : *Ut contractus quidam et permutatio facta videatur.* Dans la loi 51, au même titre, on trouve l'espèce suivante : on avait exproprié des personnes pour construire des murailles et des tours à Constantinople; on les indemnise en leur permettant d'habiter dans ces tours; enfin, quelquefois comme indemnité, on dispensait la personne expropriée de payer certains impôts, ou l'on établissait une compensation; nous l'avons vu pour les denrées qu'il fallait livrer *viliori pretio : Compensentur autem venditoribus pretia cum auraria conlatione* (Loi 2, Code Just., *Ut nemini liceat*, liv. 10, tit. 27). Dans la loi 1, Code Théod., *De aquæ-ductu*, liv. 15, tit. 2, nous trouvons ceci : *Possessores per quorum fines formarum meatus transeunt ab extraordinariis oneribus volumus esse immunes.* Il est vrai que, dans ce cas, comme nous le répéterons bientôt, il y a plutôt une servitude qu'une expropriation.

2° Par qui était fixée l'indemnité à payer? — Tout porte à croire que l'indemnité pécuniaire était fixée, en cas de contestation, par ce qu'on appelle en France l'autorité judiciaire; en d'autres termes, il y avait un procès pour établir *quanti ea res erat;* seulement il est très-probable qu'on plaidait alors devant des *recupera-tores* qui faisaient l'estimation, *boni viri arbitratu,* comme le porte le sénatus-consulte cité par Frontinus, n° 125. Dans la loi 1 au Code de Justinien, *De communi servo*, liv. 7, tit. 7, l'empereur dit : *Pretio videlicet arbitrio prætoris constituendo*, ce qui est évident sous le système de *indicia extraordinaria*. Cependant Tacite, dans ses *Annales*, liv. 1, chap. 65, mentionne l'intervention du Sénat pour un cas de dommage provenant des travaux publics. On peut se demander si l'intervention du Sénat était purement gracieuse. Nous penserions volontiers qu'il en était autrement et qu'il était saisi comme devant statuer au contentieux sur la question.

Lorsque Nerva eut créé un préteur pour statuer sur les questions pendantes entre le fisc et les particuliers (fr. 2, § 32, *De orig. jur.* ; Dig., liv. 1ᵉʳ, tit. 2), il est à présumer que ce magistrat fut chargé de juger, à Rome, les questions d'indemnités réclamées pour les expropriations ou les dommages soufferts par suite de la confection des travaux publics.

3° Nous arrivons enfin à nous demander si l'indemnité devait être préalable à la dépossession.

Il serait difficile de poser l'affirmative comme une règle absolue, puisque nous avons vu que l'indemnité pouvait consister dans la concession de certains droits d'usage ou dans la dispense de payer des impôts ; mais nous pensons

que le plus souvent le prix était payé au moment même de la prise de possession. Pour les
immeubles, cela résulte du texte de Frontinus,
n° 126, *pro toto agro pecuniam intulerunt;* quant
aux autres objets, les textes sont souvent aussi
précis que possible. Ulpien, fr. 13, *Communia
prædiorum*, Dig., liv. 8, tit. 4, suppose une car-
rière : *Si constat in tuo agro lapidicinas esse, invito te, nec privato, nec publico nomine quisquam
lapidem cædere, non aliter hoc faciat, nisi prius
solitum solatium pro hoc domino præstet.* Pour
les denrées qu'on est obligé de vendre, Justinien dit également : *Quod si nihil fisco debeant
ii quibus coemtio indicitur, aut partem tantum,
prius in nummis ponderis probi, aurum acci-
piant* (loi 2, Cod. Just., *Ut nemini liceat*, liv.
10, tit. 27; et Basiliques, liv. 56, tit. 9, chap. 2).
Lorsqu'il s'agit des esclaves chrétiennes enle-
vées aux *lenones*, et que l'empereur Constan-
tin exige le payement du *pretium competens*, il
est évident qu'il ordonne une numération immédiate.

Nous dirons donc encore une fois que si l'indemnité préalable n'est pas toujours imposée,
il faut cependant la considérer comme la règle
générale, ce qui concorde du reste avec le res-
pect habituel des Romains pour les droits des
particuliers.

En résumé, des recherches qui précèdent il

résulte : 1° que la *plena in re potestas* (la propriété) pouvait être enlevée à quelqu'un pour cause d'utilité publique ; 2° que le propriétaire dépossédé recevait ordinairement une indemnité calculée judiciairement ; 3° que cette indemnité, le plus souvent fixée en argent, était payée préalablement à la dépossession.

DEUXIÈME PARTIE.

RESTRICTIONS APPORTÉES A L'EXERCICE DU DROIT
DE PROPRIÉTÉ PAR DES RAISONS D'UTILITÉ
PUBLIQUE DIRECTE (1).

Dans la première partie nous avons supposé
que la propriété tout entière était enlevée au
maître ; souvent, dans la pratique, la loi, tout
en laissant le *dominium*, y porte atteinte, ou le
diminue en obligeant, soit à souffrir certaines
choses, soit à s'abstenir de certaines autres.
Cela repose sur le principe, que celui qui vit
dans une société organisée doit se soumettre à
certains sacrifices dans l'intérêt de tous, car il
y a réciprocité.

Cette idée de réciprocité est importante ; elle
explique comment, dans bien des circonstances,
les droits du propriétaire sont limités, sans qu'il
puisse demander une indemnité. Ainsi, bien
souvent, quant la loi défend de faire telle ou
telle chose, on ne peut pas demander le prix de

(1) On pourrait intituler cette partie : *Des servitudes légales ;* cependant ces expressions ne comprendraient point tous les cas dont nous allons nous occuper.

son abstention ; si, au contraire, il y a un dommage réel éprouvé, le principe de l'indemnité reparaît.

Pour rechercher avec plus d'ordre les cas dans lesquels les lois de Rome et de Constantinople ont ainsi limité l'exercice du droit de propriété, nous prendrons les subdivisions habituellement adoptées : *jus utendi fruendi et abutendi.*

A. *Restrictions apportées au* jus utendi. — Les restrictions consisteront à réduire le propriétaire à l'inaction et à l'empêcher de faire des actes contraires à ceux qui sont actuellement accomplis.

Nous trouvons d'abord aux *Institutes*, liv, 5, tit. 1ᵉʳ, § 4, que les rivages des fleuves appartiennent aux riverains, mais ils doivent souffrir certaines charges. *Itaque navem ad eas applicare, funes arboribus ibi natis religare, onus aliquod in his reponere, cuilibet liberum est, sicut per ipsum flumen navigare.*

On ne peut réclamer d'indemnité pour cela, car ce que l'on demande aujourd'hui à un riverain du Rhône, il peut avoir à le demander demain à un riverain de la Saône. La loi romaine ne définit pas aussi bien que les lois françaises l'étendue de la charge imposée. Paul nous dit : *Ripa ea putatur esse quæ plenissimum flumen continet. — Secundum ripas fluminum loca non omnia publica sunt, cum ripæ cedant ex quo primum a plano vergere incipit usque ad aquam* (fr. 3, §§ 1 et 2, *De fluminibus*, Dig., liv. 43, tit. 12). Ce sera donc une question de localité à examiner ; du reste, le préteur formule la règle dans son édit : *Si pedestre iter impediatur, non ideo minus iter navigio deterius fit* (V. fr. 1, pr., §§ 1, 12, 14 ; *De fluminibus*, Dig., liv. 43, tit. 12). Mais la propriété reprend son entier développement sur les cours d'eau non publics ; on reconnaît même aux riverains des cours d'eau non navigables le droit de détourner l'eau pour les irrigations : *Quominus ex publico flumine ducatur aqua nihil impedit, nisi imperator, aut senatus vetet, si modo ea aqua in uso publico non erit ; sed si aut navigabile est, aut ex eo aliud navigabile fit, non permittitur id facere.*

Le voisinage des chemins publics grevait aussi les propriétaires des fonds. Le fr. 14, § 1, *Quemadmodum servitutes*, Dig., liv. 8, tit. 6, contient ceci : *Cum via publica vel fluminis impetu, vel ruina amissa est, vicinus proximus viam præstare debet* (*Adde*, fr. 1, § 6, *De itinere actuque*, Dig., liv. 43, tit. 19). On ne parle pas d'indemnité ; le principe est le même que pour les fleuves publics et navigables.

Mais nous pensons qu'il en est autrement, lorsque, des travaux publics, il résulte ce que nous appelons, en droit moderne, des dommages permanents ou temporaires; on peut alors demander une indemnité. Ceci nous paraît résulter de divers textes.dont nous allons rapporter une partie. *Cassius scribit si qua opera aquæ mittendæ causa, publica auctoritate facta sint, in aquæ pluviæ arcendæ actionem non venire. — Quod principis aut senatus jussu, aut ab his qui primi agros constituerunt opus factum fuerit, in hoc judicium non venit* (fr. 2, § 3, fr. 23, *De aquæ et aquæ pluviæ*, Dig., liv. 33, tit. 2). On ne peut donc pas refuser de recevoir l'eau, et on ne peut même pas demander la caution *damni infecti* (fr. 15, § 10, fr. 24, *De damno infecto*, Dig. liv. 39, tit. 2. Mais on a le droit d'exiger une indemnité, les travaux publics ne devant pas nuire aux particuliers. *Qui vias publicas veniunt*, dit Paul, *sine damno vicinorum id facere debent.* (Fr. 31 *eod.*, Ulp. au fr. 24 pr., *eod.*). On sera indemnisé, par décision du prince ou du *præses*, des dommages que l'on aura soufferts.

On trouve enfin au Code Théodosien une charge fort curieuse imposée aux propriétaires dans les fonds desquels il y a des carrières de marbre; toute personne peut aller les exploiter à la condition de payer un dixième du produit en fisc et un dixième au maître du terrain : *Cuncti qui per privatorum loca, saxorum venam laboriosis effossionibus persequuntur, decimas fisco, decimas etiam domino repræsentent; cætero modo desideriis suis vindicando.* Cependant si la veine s'étend sous un édifice, on ne peut pas la suivre : *Si quando hujusmodi marmora sub ædificiis latere dicantur, perquirendi eadem copia denegetur.* (L. 1, 8, 10, 11, Code Théodosien, *De metallis,* liv. 10, tit. 19 ; *Adde* Code Just., loi 3, *De metallariis,* liv. 11, tit. 6). Pour les autres carrières, conf. fr. 13, § 1, *Communia servitutum,* Dig., liv. 8, tit. 4.

Rappelons que d'après Frontinus (n° 121) on doit le passage aux ouvriers qui vont construire ou réparer les conduites d'eau : *Earum rerum reficiendarum causa, quotiens opus esset per agros privatorum sine injuria eorum, itinera... actus... paterent, durentur.*

C'est encore dans les restrictions du *jus utendi* que nous croyons devoir placer les principes qui suivent.

Et d'abord on ne peut rien faire, *in suo fundo,* qui nuise aux voies publiques : ainsi un fossé, *ut ubi aqua collecta in viam decurrat ;* ainsi une construction, *ut aqua in via collecta restagnet ;* ainsi un cloaque, *si odore solo locus pestilentiosus fiat* (fr. 2, §§ 27, 28, 29, *Ne quid in loco publico,* Dig., liv. 43, tit. 8). On détruit également tout ce qui est *fuit contra ornatum urbis,* dans toutes les cités de l'empire, et tout ce qui est contraire aux règlements des voiries. Tacite nous raconte dans ses *Annales*, liv. 15, chap. 43, qu'après l'incendie de Rome, Néron ordonna que les maisons seraient rebâties suivant certaines dimensions (1). Plus loin il ajoute : *Nec communione parietum, sed propriis quæque muris ambirentur.*   .

Dans le même ordre d'idées rentrent des restrictions variées dont l'utilité est facile à concevoir.

Pour éviter les incendies, il fallait laisser un certain espace entre les édifices. On exigeait cent pieds entre les maisons particulières et les greniers publics, *ac si quid constructum fuerit diruetur,* » et l'on menace même l'auteur de la construction de voir confisquer ses biens (lois 4 et 28, code Théod., *De operibus publicis*; liv. 15, tit. 1); pour les édifices publics autres que les greniers, il fallait laisser quinze pieds (loi 46, *De operibus publicis*; code Théod., liv. 15, tit. 1; *adde* Code Just., loi 9, *De ædificiis privatis*, liv. 8, tit. 10).

---

(1) D'après Strabon, Auguste avait fixé le maximum de hauteur des maisons à 70 pieds romains (20 mèt. 74 cent.). Ce maximum fut réduit à 60 pieds (17 mèt. 76 cent.). Sous Fragm. Aurelius-Victor, dans son *Epitome*, chap. 18, § 14, dit en parlant des inondations du Tibre et les tremblements de terre survenus en divers endroits : *Quibus omnibus Trajanus per exquisita remedia plurimum opitulatus est ; statuens ne domorum altitudo sexaginta superaret pedes ob ruinas faciles.*

Nous savons par Frontin, et par diverses lois qu'il était défendu de planter des arbres trop près des conduites d'eau ; on craignait que les racines ne réussissent à s'introduire dans les canaux, et à occasionner des fuites qui diminueraient le volume des eaux amenées. L'espace de quinze pieds, à laisser sans arbres *dextra lævaque de ipsis formis*, est encore indiqué dans la loi 1, code Théod ; *De aquæductu*, tit. 17 ; mais dans la loi 6, Code Justinien, *de aquæductu*, 15, 51, on le réduit à dix pieds. *Super his sancimus sulcum publicarum aquarum nullis intra decem pedes arboribus coarctari, sed ex utroque latere decempedale spatium integrum illibatumque servari.*

Notons enfin qu'on retrouve quelquefois dans les lois romaines des préceptes qui semblent se rapprocher des règlements français sur les établissements insalubres, incommodes ou dangereux.

Ainsi d'après Cicéron (*De legibus*, liv. 2, 24, § 61), la loi des douze Tables défendait d'établir un bûcher pour brûler les morts à moins de soixante pieds des édifices privés. « *Nam quod rogum bustumve novum vetat propius sexaginta pedes adjici ædes alienas invito domino, incendium veretur acerbum.* » (*Adde* Pompon., fr. 3, *De mortuo inferendo*, Dig., liv. 2, pl. 7), la loi des douze Tables défendait également d'embaumer un mort dans l'enceinte de Rome : *Hominem mortuum, inquit lex in* 12 *Tabulis, in urbe ne sepelito, neve urito.* (Cicéron, *De legibus*, liv. 2, chap. 23, § 58.) Adrien généralisa cette prohibition et abolit tous les statuts municipaux contraires (loi 5, Code Théod., *De calcis cætoribus urbis Romæ et Constantinop.*, liv. 14, tit. 6.) En approchant ce texte du frag. § 2, 27, *Ne quid in loco publico*, Dig., liv. 43, tit. 8, nous sommes amenés à croire qu'il y avait des dispositions de police analogues, qui ne nous ont pas été conservées dans les textes législatifs (Conf. fr. 1, § 2, *De clausis*, Dig., liv. 42, tit. 23.)

B. *Restrictions apportées au* jus fruendi.

Le *jus fruendi* comprend le droit de profiter de tous les produits et de tous les fruits d'une chose.

Dans les textes, il y a peu d'exemples de ces restrictions ; on peut citer cependant les dispositions locales défendant de moissonner ou de vendanger avant l'époque fixée par l'autorité : « *Præsides provinciarum ex consuetudine cujusque loci, solent messis, vendemiarumque causa tempus statuere.* » (Fr. 4, *De feriis*, Dig., liv. 1, tit. 12.) Puis la loi 2, Code Théod., *De veteranis*, liv. 7, tit. 20, qui déclare que si les vétérans ont cultivé des champs abandonnés par les propriétaires, ils auront tous les fruits sans qu'on puisse rien leur demander *agratici nomine*. On peut enfin faire rentrer dans les restrictions apportées au *jus fruendi* la limitation du taux de l'intérêt de l'argent, aux diverses périodes de l'histoire romaine.

C. *Limitations apportées au* jus abutendi.—Le *jus abutendi* est le droit de disposer de sa chose, de l'aliéner ou même de la détruire. Ce droit est limité dans l'intérêt général, sous divers point de vue.

Ulpien nous apprend que le *censitor* doit continuer à taxer pour le même nombre de pieds celui qui a coupé ses vignes ou ses autres arbres fruitiers afin de diminuer l'impôt qu'il avait à payer (fr. 4, § 1, *de Censibus*, Dig., liv. 50, tit. 15) ; il paraît que cette tendance avait fait des progrès désastreux, car voici ce que nous lisons au code Théodosien, loi 1, *De censitoribus*, liv. 13, tit. 11. *Si sacrilega vitem falce inciderit, aut feracium ramorum fœtus hebetaverit, quo declinet fidem censuum et mentiatur callide paupertatis ingenium, mox detectatus capitale subibit exitium, et bona ejus in fisci jura migrabunt : illo videlicet vitante calumniam qui forte detegitur laborasse pro copia ac reparandis agrorum fœtibus, non sterilitatem, aut inopiam procurare.* On retrouve ce principe au Code de Justinien, mais la pénalité est laissée à l'arbitrage du magistrat, *competenti indignationi subjiciatur* (loi **2**, *De censibus*, liv. 2, tit. 47. Ainsi un propriétaire ne peut pas à son gré changer les produits de son champ, surtout s'il le fait pour payer moins d'impôts.

Les sénateurs commettaient une fraude analogue : lorsqu'ils étaient désignés pour être préteurs, ils vendaient leurs biens afin de se soustraire aux charges de la préture, par exemple aux dépenses nécessitées par les jeux donnés au peuple (voir loi **15**, Code Théod., *De prætor.*, liv. **6**, tit. **4**).

Si un sénateur désigné veut vendre quelques-uns de ses immeubles, il doit faire approuver ses motifs par l'autorité supérieure : *Senator patrimoniam proprium in quemcumque qualibet ratione transtulerit, imminutio ejus designationis tempore probata, non valeat; sed causa prius erit actis provincialibus adprobanda* (loi **7**, *De senator*, Code Théod., liv. **6**, tit **2**).

Quelques auteurs ont écrit que les fonds dont les limites avaient été déterminées par les *agrimensores* et portées sur les plans du cadastre ne pouvaient plus être vendus par morceaux d'une mesure arbitraire. Niebuhr pense qu'alors l'aliénation devait toujours avoir lieu par fractions duodécimales, et M. Dureau de la Malle partage son opinion (*Économie politique des Romains*, tit. **1er**, p. 181, 182). M. Ch. Giraud réfute avec raison ce système dans son *Histoire de la pro—*

priété, p. 127. Il fait remarquer que rien dans les textes classiques ne signale cette restriction importante au *jus abutendi;* nous n'insisterons donc pas sur ce point.

En restreignant en quelque sorte l'étendue de l'intérêt public, nous trouvons de nouvelles atteintes à la propriété. Dans l'empire romain, on avait adopté pour principe une maxime qui était devenue générale : *Ne aspectus urbis ruinis deformetur;* aussi Ulpien dit-il, fr. 7, au titre *De officio præsidis*, Dig., liv. 1, tit. 18 : *Præsesprovinciæ inspectis ædificiis, dominos eorum, causa cognita, reficere ea compellat; et adversus detrectantem competenti remedio deformitati auxilium ferat.* Popinien écrivait dans son traité *De officio ædium : Studeant ne eorum aut aliorum parietes etiam domorum qui ad viam ducunt sint caduci, sed ut oportet emendent domini domorum et construant. Si aut non emendaverint neque construxerint, multent eos quousque firmos effecerint* (fr. 1, § 1, *De via publica*, D. 43, tit. 10). Bien plus, si une maison a été démolie ou si elle s'est écroulée, elle sera reconstruite aux frais du trésor public et revendue à son profit, lorsque le propriétaire du sol ne remboursera pas dans l'espace de quatre mois les sommes avancées par le fisc : *Ad curatoris reipublicæ officium spectat, ut dirutæ domus a dominis extruantur* (§ 1). *Domum sumptu publico extructam, si dominus ad tempus pecuniam impensam cum usuris restituere noluerit, jure ea respublica distrahit* (fr. 46, *De damno infecto*, Dig., liv. 39, tit. 2 ; *Adde*, fr. 52, § 10 ; *Pro socio*, Dig., liv. 17, tit 2).

On sait qu'il avait été également défendu de vendre et de léguer séparément les marbres ou les statues d'un édifice : *Sed ea quæ ædibus juncta sunt legari non possunt, quia hæc legari non posse senatus censuit Aviola et Pansa consulibus : hoc senatusconsultum non tantum ad ædes sed ad balinea, vel aliud quod ædificium, vel porticus sine ædibus, vel tabernas vel popinas extenditur.*

On peut cependant détacher les ornements, pour les transporter d'une maison à une autre que l'on possède même dans une ville différente, ou bien quand la séparation a lieu pour appliquer les ornements à des ouvrages publics, car alors il n'y a plus la raison : *ne aspectus urbis ruinis deformetur. — Sed si quis ad opus reipublicæ faciendum legavit; puto valere legatum, nam et Papinianus, lib. 2 Responsorum, refert imperatorem nostrum et divum Severum constituisse, eos qui reipublicæ promiserint, posse detrahere ex ædibus suis urbanis atque rusticis et id ad opus uti : quia hi quoque non promissi causa haberent. Sed videamus utrum ei soli civitati legari possit in cujus territorio est : an et de alia civitate in aliam transferre possit? Et puto non esse permittendum quamquam constitutum sit, ut de domo quam aliquis ha-*

bet, ei permittatur in domum alterius civitatis transferre. (Fr. 41, § 1, 5, 81, *De legatis,* 1° Dig., liv. 30 ; Fr. 44, § 7, *eod.*) Mais Spartien nous apprend qu'Adrien *constituit inter cætera ut in nulla civitate domus aliquæ transferendæ ad aliam urbem ullius materiæ causa diruentur.* (Adrianus, cap. 17; voir pourtant : loi 2, Code Just., *De ædificiis privatis,* liv. 8, tit. 10.)

Les empereurs avaient également défendu de vendre des maisons pour les démolir et trafiquer de leurs matériaux, comme faisaient en France les sociétés appelées bandes noires (loi 2, *De ædificiis privatis,* Code Just., liv. 8, tit. 10). Le fr. 48, *De damno infecto,* Dig., liv. 39, tit. 2, nous fait connaître la sanction infligée à ceux qui violaient cette défense. *Si quis ad demoliendam negotiandi causa vendidisse domum, partemve domus fuerit convictus; ut emptor et venditor singuli pretium quo domus distracta est præstent, constitutum est. Ad opus autem publicum si transferat marmora vel columnas, licito jure facit.* Il faut cependant noter que Paul indique l'acheteur comme directement soumis à la pénalité dans le fr. 52. (*De contrahend. emptione,* Dig., liv. 18, tit. 1.) *Pœnam in eum qui adversus senatusconsultum fecisset constituta est, ut duplum ejus quanti emisset, in ærarium inferre cogeretur : in eum vero qui vendidisset ut scita esset conditio.*

Les restrictions apportées au droit de bâtir

se manifestent de la manière la plus curieuse, dans la loi 12, au Code Justinien, *De ædificiis privatis*, liv. 8, tit. 10. Cette loi de Zénon a été faite pour Constantinople, mais ses dispositions, sauf en ce qui touche l'*aspectus maris*, ont été appliquées dans tout l'empire (V. loi 13, Code Just., *De ædificiis privatis*, § 10 : *Sancimus eamdem constitutionem in omnibus urbibus Romani imperii obtinere...*) Voici l'analyse concise de la loi 12, en ce qui nous concerne :

§ 1. Ceux qui reconstruisent des maisons anciennes, ceux qui en bâtissent de nouvelles, doivent le faire de telle sorte que l'ancien état de choses soit respecté (*ut veterem formam non excedant*), et de manière qu'ils n'enlèvent pas aux voisins la lumière et le prospect: *adversus ea quæ pridem constituta sunt*. S'il y a des conventions spéciales, on pourra bâtir et nuire aux voisins avec lesquels on a traité (1).

§ 2. Zénon déclare qu'il faut laisser un espace de douze pieds entre la maison que l'on construit et celle du voisin; on peut alors élever son édifice tant qu'on le veut, ouvrir des fenêtres *tam prospectivæ quam luciferæ*. Cependant on ne peut pas enlever au voisin l'aspect direct ou

____

(1) Ne serait-ce pas dans ces contraventions faites contrairement à la *vetus forma*, et aux règles qui vont suivre, qu'il faut placer l'explication de la servitude *non altius tollendi* ?

oblique de la mer tel qu'il l'avait : *inviolatum in mare prospectum.*

§ 3. Si l'on reconstruit une maison sans laisser douze pieds d'intervalle, on ne pourra pas lui donner une élévation plus grande que celle qu'elle avait autrefois. On ne peut pas ouvrir des fenêtres s'il n'y a point un intervalle de dix pieds, et, même alors, on n'a droit qu'à des fenêtres *luciferæ* (sauf le *vetus forma*), et à condition qu'elles soient à six pieds du sol (*luciferas vero faciet, utique sex pedum servato ab imo pavimento in altum intervallo*), sans pouvoir faire à l'intérieur un faux plancher (*pseudo-patum*) qui rendrait la défense illusoire.

§ 4. S'il y a un intervalle de cent pieds entre la maison nouvelle et les anciennes, on peut construire *etiamsi aliis domibus prospectum in mare adiment* (1). Dans ce paragraphe, Zénon rappelle qu'il peut intervenir des conventions entre les particuliers, et qu'alors on les suivra.

§ 5. Quand on veut avoir des *solaria*, sortes de balcons pour prendre le soleil l'hiver (conf. fr. 17, *De servit. prædior. urb.*, Dig., liv. 8, tit. 2), il faut un intervalle de dix pieds entre ceux qui se font face (*ex adverso sese spectantia*). Si on ne

______

(1) *Adde* Novelle 63, sur ceux qui, au lieu de bâtir un édifice, se contentent d'élever une muraille : *sed tanquam aliquod velum tetenderint,* on les condamne à une amende de dix livres d'or.

peut pas conserver cette distance, on devra les construire obliquement : *Tunc solaria fiant e* παραλλαγῆς, *hoc est ut se invicem non ex adverso vel e* παραλλήλου *respiciant, sed alterius et ex obliquo, atque transverso...*

Les idées de religion avaient fait défendre de démolir un sépulcre et d'en transporter les ornements à des maisons de ville ou de campagne ; mais on peut dire que ce n'est point là une atteinte portée à la propriété, les sépulcres étant *res religiosæ* (conf. loi 2, Code Just. ; *Dé sepulcro violato*, liv. 9, tit. 19).

Mais voici les restrictions dont l'importance et la cause sont faciles à saisir. Le propriétaire d'un fonds sur lequel il y a des colons ne peut pas vendre la terre sans les hommes qui la cultivent : *Si quis prædium vendere voluerit, vel donare, retinere sibi transferendos ad alia loca, colonos privata pactione non possit* (loi 1, Code Just. *De agricol. et censit.*, liv. 11, tit. 42).

Puis pour assurer l'exécution des charges qui pesaient sur les cités ou sur les corporations organisées, on décide que les habitants d'une *metrocomia* (bourgade) ne pourront vendre leurs champs qu'à un *habitator adscriptus*. « La vente à un étranger, dit M. Giraud, brisait la solidarité originaire et héréditaire des curies pour le payement de l'impôt (V. loi uniq., Code Just., *Non licere*, liv. 11, tit. 55). De même les décurions

ne pouvaient vendre ou donner soit leurs champs,
soit leurs esclaves, sans obtenir l'assentiment
totius vel majoris partis ordinis (lois 2, 3, *De prædiis decuriorum*, Code Just., liv. 10, tit. 33). Enfin si les *pistores*, les *naviculares*, ou d'autres
membres des corps d'état reconnus vendent
leurs immeubles, ces biens restent pendant cin-
quante ans grevés de toutes les charges du *col-
legium* : *Res enim oneri addicta est, non persona
mercantis* (V. lois 1, 2, 7, 10, *De prædiis navi-
cularium*, Code Théod., liv. 13, tit. 6). *Prædia
rustica vel urbana quæ possident privato jure pistores, nec senatorem, nec officialem comparare per-
mittimus, contractu pari cum aliis non interdicto;
quippe mercantes ad venditoris officium vocabun-
tur, super hac emptione apud præfectum annonæ
testatione deposita...* (loi 3, *De pistoribus*, Code
Théod., liv. 14, 3). *Quoniam suariorum corpus ad
paucos devenit... Itaque dignoscant facultates pro-
prias suariorum esse obnoxias muneri... Suariorum vires ea concidisse occasione comperimus, quod
fundi eorum atque alia prædia, in extraneas quas-
que personas multimoda donatione transcripta sunt.
Quæ sublimis eminentia tua aut ad memoratorum
jura revocabit, aut si eorum detestatores putaverint
abnuendum, subeant cum his communem sarcinam*
(L. 1 et 5, *De suariis*, Code Théod., liv. 14, tit. 4).

TROISIÈME PARTIE.

LIMITATIONS APPORTÉES PAR LA LOI A L'EXERCICE DU DROIT DE PROPRIÉTÉ , DANS L'INTÉRÊT DES PARTICULIERS.

Nous rappelons qu'il s'agit ici de restrictions qui touchent indirectement à l'intérêt général. On favorise l'application de principes économiques, d'idées religieuses, etc... Les exemples à citer sont moins nombreux que dans la partie précédente, parce que, le plus souvent, les relations de particulier à particulier sont réglementées par les contrats.

Au point de vue économique, nous pouvons citer le cas *de tigno juncto : Lex duodecim Tabularum neque solvere permittit tignum furtivum ædibus vel vineis junctum , neque vindicare : quod providenter lex efficit, ne vel ædificia sub hoc prætextu diruantur vel vinearum cultura turbetur ; sed in eum qui convictus est junxisse, in duplum dat actionem.* (Fr. 1, pr. *Tigno juncto,* Dig., liv. 58, titre 3). Il n'est point dans notre plan de développer les règles du *tignum junctum,* nous avons seulement à constater que le droit du propriétaire est paralysé ; il ne peut pas forcer celui qui a construit à représenter les matériaux employés ; la loi n'a pas voulu que, pour faire respecter le principe de propriété, on arrivât peut-être à occasionner un grand dommage au constructeur; il s'agissait d'éviter la destruction d'une partie de la richesse sociale.

Nous rencontrons ensuite trois servitudes légales, comme on dirait en droit français, qui doivent appeler notre attention.

A. *Ne luminibus officiatur.* — Peut-on, en construisant sur son fonds, nuire aux jours de son voisin? La négative semblerait résulter du fr. 25, *De damno infecto*, Dig., 39, tit. 2. *Trebatius ait etiam eum accipere damnum cujus ædium luminibus officiatur.* Mais dans le fr. 26, Code, Ulpien a établi la distinction qu'il faut faire. Il rappelle l'opinion de Proculus, qui permet de bâtir sur son fonds, même quand on devrait nuire aux jours du voisin : *Quamvis et illic luminibus officias.* Mais il distingue.: *Multumque interesse utrum damnum quis faciat, et lucro quo adhuc faciebat uti prohibetur.* En d'autres termes, le jour dont on profitait constituait-il un droit acquis, ou bien en jouissait-on seulement parce que le voisin n'avait pas encore bâti? La difficulté nous paraît être résolue quant il n'y a pas de convention formelle, par cette règle de la *vetus forma* dont nous avons déjà parlé. S'il y avait déjà deux maisons, on ne pourra point, en construisant l'une, enlever à l'autre la lumière. Cela paraît résulter des textes suivants : *Qui luminibus vicinorum, aliudve quid facere con-*

tra commodum eorum, sciet se formam ac statum antiquorum ædificiorum custodire debere. Fr. 2. *De secur præd. urban.* Dig., liv. 8, Fr. 2.— *Si quas actiones adversus eum qui ædificium contra veterem formam extruxit, ut luminibus tuis officeret, competere tibi existimas ; more solito per judicem exercere non prohiberis : is qui judex erit longi temporis consuetudinem vicem servitutis obtinere sciet : modo si is qui pulsatur nec vi, nec clam nec precario possidet* (Loi 1, Code Justinien, *De servit.*, livre 3, titre 34). Enfin nous lisons aux Basiliques, liv. 58, titre 2, chap. 2. *Qui aliquid contra commodum vicini facit, formam ac statum antiquum custodire debet.* Trad. de Rabroet. Il nous paraît résulter de la loi 1, au Code, *De servitut.*, que le *longum tempus* était de dix ans, comme la *præscriptio longi temporis* : on perdait alors le droit de bâtir sur son fonds comme on le voulait.

Remarquons que si on reçoit du jour *ex loco publico*, on peut intenter un interdit contre les particuliers qui viendraient bâtir, même avec la permission du prince, de manière à diminuer la lumière (fr. 2, § 14, § 10, *Ne quid in loco publico*, Dig., 43, 8).

B. *Servitude imposée pour les eaux.*—Les fonds inférieurs doivent recevoir les eaux qui découlent naturellement des fonds supérieurs : *Sem-*

per hanc esse servitutem inferiorum prædiorum ut natura profluentem aquam excipiant. Maìs le propriétaire du fonds supérieur ne peut rien faire qui aggrave la servitude [1] (V. fr. 1, §§ 1, 10, 13, 22, 23; fr. 3. *De aquæ, et aquæ arcendæ,* Dig., 39, 3. Le propriétaire du fonds inférieur peut faire tout ce qui rendra la servitude moins lourde pour lui, sans nuire au propriétaire du fonds supérieur; il peut même exiger qu'on le laisse aller travailler pour cela sur le fonds du voisin (fr. 2, § 5, *De aquæ,* Dig., *ibid*). Pour les détails, voir les divers textes du titre.

C. *Servitude de passage.* — Nous trouvons divers cas ou un propriétaire est obligé de céder le passage à un autre. Ainsi quand un cloaque m'appartient et qu'il passe sous la maison d'autrui, j'ai le droit d'y aller faire toutes les réparations nécessaires (fr. 1, § 12, 13, *De cloacis,* Dig., 43, 23).

On doit laisser sur son fonds une personne qui vient chercher ce qui lui appartenait : ainsi un trésor (fr. 11, *Ad exhibendum,* Dig., 10, 4); ainsi un esclave fugitif (fr. 3, *De fugitiv.,* Dig., 11, 13). Pour les interdits, *De arboribus cædenis et de glande legenda,* V. Dig., liv. 11, 3, titre 27 et 28.

---

(1) En Afrique, au contraire, les propriétaires des fonds supérieurs ne pouvaient pas faire de travaux empêchant les eaux d'irrigation d'arriver aux propriétés inférieures.

Nous savons par Ulpien qu'on peut forcer un
propriétaire à vendre un passage pour aller à
un sépulcre. Le *præses* de la province organise
un *judicium* pour fixer l'endroit par où l'on
passera et l'indemnité que l'on payera. *Præses
etiam compellere debet justo pretio iter ei præ-
stari* (fr. 11, *De religiosis*, Dig., 11, 7). Par
contre, si le propriétaire d'un fonds veut rendre religieux un endroit grevé de servitude, il
peut le faire en offrant un autre passage aussi
commode (fr. 2, § 8, *De religiosis*, Dig., 11, 17).

Nous terminerons cette longue énumération
des restrictions apportées au droit de propriété, par la transcription d'une loi très-
curieuse de Justinien, et destinée à assurer la
possibilité de séparer le blé des épis : *Cum
autem apertissimi juris est, fructus aridos con-
culcatione quæ in area fit, suam naturam et utilitatem ostendere, aliquis vicinum suum vetabat ita
ædificium extollere juxta aream suam ut ventus
excluderetur et paleæ ex hujus modi ædificatione,
cum secundum situm regionis et auxilium venti
aream accedit : Sancimus itaque nemini licere sic
ædificare, vel alio modo versari ut idoneum ventum et sufficientem ad præfatum opus infringat, et
inutilem domino aream et fructuum inutilitatem
faciat* (Loi 14, § 1, Code rust., *De servitutib.*,
liv. 3, tit. 34). On retrouve cette règle aux
Basiliques (liv. 58, tit. 7, ch. 14) *Nemo sic ædi-*

ficet ut eo ventum in aream vicini tendentem impediat. Le propriétaire ne peut donc point bâtir comme bon lui semble ; il faut qu'il respecte l'aire de son voisin, et qu'il n'empêche pas le vent d'y souffler. C'est là une servitude légale remarquable.

Nous avons établi par les textes comment, en droit romain, on pouvait exproprier en tout ou en partie les divers propriétaires pour cause d'utilité publique. Nous reconnaissons que beaucoup de points demanderaient des développements plus considérables, mais nous n'avons voulu poser que des principes.

———

Après avoir donné une idée de l'expropriation pour cause d'utilité publique sous les Romains, nous allons jeter un coup d'œil sur l'expropriation pour cause d'utilité publique dans la législation française.

La base de l'expropriation pour cause d'utilité publique en France se trouve dans Montesquieu (*Esprit des lois*, liv. 25, ch. 16) ; il faut concilier : 1° l'intérêt de l'Etat, qui peut dans l'intérêt public se faire céder une propriété particulière ; 2° l'intérêt des particuliers, qui doivent recevoir une indemnité.

Dans toute procédure d'expropriation, on doit se demander quelle est l'autorité compétente pour, 1° déclarer l'utilité publique; 2° pour prononcer l'expropriation; 3° pour fixer l'indemnité.

Voici la division que nous allons suivre :

1° Notions historiques; 2° législation actuelle sur l'expropriation pour cause d'utilité publique.

§ 1. *Notions historiques sur l'expropriation pour cause d'utilité publique.*— Dans l'ancien régime, on n'avait pas des idées précises sur ce point; l'expropriation pour cause d'utilité publique s'appelait retrait d'utilité publique, elle s'opérait par arrêt du conseil, et l'indemnité était fixée par des experts, mais ce n'étaient pas là des règles générales.

La constitution des 3-14 sepembre 1791 reproduit à cet égard le principe formulé par Montesquieu ; voici en effet ce que contient l'art. 17 de la déclaration des droits de l'homme et du citoyen : « La propriété étant un droit inviolable et sacré, nul ne peut en être privé, si ce n'est que lorsque la nécessité publique, légalement constatée, l'exige évidemment, et sous la condition d'une juste et préalable indemnité.

Ce principe a été reproduit presque dans les mêmes termes que l'art. 545 du Code Napoléon, mais cet article emploie le mot *utilité* au lieu du mot *nécessité* qui se trouvait dans la constitution. A cette époque c'étaient les directoires des départements qui fixaient les indemnités à raison des terrains pris ou fouillés pour cause d'utilité publique; plus tard l'art. de la loi du 28 pluviôse an 7 attribue à cet égard compétence aux conseils de préfecture. Vient ensuite l'art. 945 du Code Napoléon, dont voici les termes : « Nul nepeut être contraint de céder sa propriété, si ce n'est pour cause d'utilité publique et moyennant une juste et préalable indemnité. » Nous rencontrons ensuite dans l'ordre chronologique la loi du 16 septembre 1807 qui dans son titre traite des indemnités dues à des propriétaires à raison de travaux publics ; mais dans ce titre 11, la matière n'est traitée que d'une manière très-sommaire : on n'y détermine pas l'autorité qui déclare l'utilité publique, ni celle qui prononce l'expropriation ; aussi dans la pratique se contentait-on d'un arrêté préfectoral pour l'expropriation, arrivant ainsi à laisser à l'administration tant la déclaration d'utilité publique que le prononcé de l'expropriation et la fixation de l'indemnité. Cette fixation était faite par le conseil de préfecture ; il en résultait des abus qui attirèrent l'attention de l'empereur; ce dernier chargea alors le ministre, par une note du 25 septembre 1805, datée de Schœnbrunn, de la rédaction d'une loi sur ce point, lui indiquant dans la note : 1° que la déclaration d'utilité publique devait être faite par un décret rendu au conseil d'Etat ; 2° qu'à la suite de cette déclaration le tribunal devait s'assurer si les formalités prescrites avaient été accomplies.

A la suite de cette note, un projet fut délibéré en conseil d'État et devint la loi du 8 mars 1810, dont je vais donner une rapide analyse, à cause de l'intérêt historique qu'elle présente et parceque plusieurs autres lois y renvoient.

D'après cette loi, l'utilité publique est déclarée par un décret impérial rendu au conseil d'État, l'expropriation est prononcée par le tribunal civil, qui fixe ainsi le montant de l'indemnité après expertise. S'il y a urgence, la loi s'écarte du principe de l'indemnité préalable, en permettant de s'emparer des immeubles sans payer préalablement l'indemnité ; mais le payement ne doit pas être retardé plus de trois ans.

A la suite de cette loi, un décret du 18 août 1810 en a paralysé à certains égards les dispositions ; il s'agissait de savoir comment on devait appliquer en cette matière le principe de la non rétroactivité des lois. En raison, on devait dire qu'une procédure d'expropriation ayant trois périodes, si avant la loi du 8 mars 1810 on s'était borné à déclarer l'utilité publique, on devait appliquer la loi de 1810 en ce qui concerne la prononciation de l'expropriation et la fixation de l'indemnité, et cependant le décret du 18 août 1810 décidait que toutes les fois que l'utilité publique aurait été déclarée avant la loi du 8 mars 1810, on appliquerait ainsi pour les deux autres périodes l'ancienne procédure, c'est-à-dire la loi du 16 septembre 1807 qui attribuait tout à l'autorité administrative. Or, précisément avant la loi de 1810 on avait dressé les plans généraux de nombreux travaux d'utilité publique, et la loi de 1810 n'a reçu sous l'empire que peu d'applications.

La charte de 1814, dans son art. 10, reproduit l'art. 545 du Code Napoléon ; aussi, les exceptions qui ont été faites au principe de l'indemnité préalable par la loi de 1810 ont été considérées comme abrogées, mais le reste de la loi a été maintenu. Cette loi, je l'ai dit, donnait au gouvernement le droit de déclarer l'utilité publique, mais quant aux sommes nécessaires à l'exécution de ces travaux, il fallait l'intervention des chambres. La constitution de 1830 reproduit l'art. 10 de la charte de 1814. Dans cette période, nous trouvons : 1° une loi du 30 mars 1831 relative à l'expropriation et à l'occupation temporaire, en cas d'urgence, des propriétés privées nécessaires aux travaux des fortifications.

Cette loi décide qu'en cas d'urgence pour les travaux des fortifications, on peut abandonner le principe de l'indemnité préalable, mais qu'il faut pour cela la *consignation* d'une indemnité provisionnelle.

2° L'art. 10 de la loi du 21 avril 1832 (portant fixation du budget des dépenses de l'exercice 1832), qui est ainsi conçu : « Nulle création aux frais de l'État, d'une route, d'un canal, d'un grand pont sur un fleuve ou sur une rivière, d'un ouvrage important dans un port maritime, d'un édifice ou d'un monument public, ne pourra avoir lieu à l'avenir qu'en vertu d'une loi spéciale ou d'un crédit ouvert à un chapitre spécial du budget. » La loi du 7 juillet 1833 est même allée plus loin, car elle exigeait, quand il s'agissait de travaux d'utilité publique importants, l'intervention du pouvoir législatif, alors même qu'il n'y avait aucun intérêt pécuniaire pour l'État (art. 3). 3° La loi du 7 juillet 1833 (sur l'expropriation pour cause d'utilité publique). Sous la législation antérieure, on se plaignait de la lenteur des procédures sur l'expropriation, lenteur qui empêchait l'exécution de travaux d'une grande utilité ; aussi la loi du 7 juillet 1833 introduit un jury, et le substitue aux tribunaux en ce qui touche le règlement des indemnités ; en effet, les tribunaux ne prononçaient ordinairement que conformément au rapport des experts. Or, les experts étant des hommes du pays, jugeaient le plus souvent avec partialité, et c'est pour ces raisons que le législateur de 1833 a emprunté le jury aux institutions anglaises ; en définitive, les jurés ne sont que des experts, mais des experts indépendants, et qui, le plus souvent, ont intérêt à ce que les travaux soient exécutés, et c'est cet intérêt qui balancera leur tendance à exagérer la valeur des propriétés. Ainsi, d'après cette loi : 1° l'utilité publique est déclarée tantôt par le pouvoir législatif et tantôt par le pouvoir exécutif, selon l'importance des travaux ; 2° l'expropriation est prononcée par un tribunal civil ; 3° l'indemnité est fixée par un jury.

La déclaration d'utilité publique doit être précédée d'une enquête (ordonn. du 18 févr. 1834, du 15 févr. 1835 et du 23 août 1835). 4° La loi du 3 mai 1841 (sur l'expropriation pour cause d'utilité publique). On se plaignit encore des lenteurs de la procédure sur l'expropriation, et l'on reprochait de plus à la loi du 7 juillet 1833 que le jury n'avait pas compris sa mission, et qu'il fixait souvent des indemnités exorbitantes.

Ces reproches furent reproduits lors de la discussion de la loi du 3 mai 1841 ; on a tâché de remédier au premier ; quant au second, on a

répondu que quelques abus particuliers et rares
ne devaient pas faire exécuter toute la loi ; l'institution du jury fut donc maintenue.

La principale innovation de la loi du 3 mai
1841 consiste dans l'introduction d'un *chapitre
relatif à la déclaration d'urgence ;* ainsi, même
quand il s'agit de travaux civils, l'administration peut, s'il y a indemnité préalable, et en
consignant seulement une indemnité provisionnelle. La loi du 3 mai 1841 a observé le même
ordre de numéros que la loi du 7 juillet 1833 avec
quelques modifications de détail seulement ;
vient ensuite le chapitre dont j'ai parlé. Il résulte de cela que toutes les questions de jurisprudence qui s'étaient présentées sous la loi de
1833 peuvent être posées encore anjourd'hui.
De même, les règlements d'administration publique rendus sous la loi de 1833 sont encore en
vigueur.

Enfin je dois, en terminant cet exposé historique, citer l'art. 4 du sénatus-consulte du
25 décembre 1852 : « Tous les travaux d'utilité
publique, notamment ceux désignés par l'art.
10 de la loi du 21 avril 1832 et l'art. 3 de la loi
du 3 mai 1841, toutes les entreprises d'intérêt
général sont ordonnées ou autorisées par décrets de l'empereur. »

Les décrets sont rendus dans les formes prescrites pour les règlements d'administration pu blique. Néanmoins, si ces travaux et entreprises ont pour conditions des engagements sur des subsides du trésor, le crédit devra être accordé sur l'engagement ratifié par une loi avant la mise à exécution. Lorsqu'il s'agit de travaux exécutés pour le compte de l'État, et qui ne sont pas de nature à devenir l'objet de concessions, les crédits peuvent être ouverts, en cas d'urgence, suivant les formes prescrites pour les crédits extraordinaires ; ces crédits seront soumis au Corps législatif dans la plus prochaine session.

En ce qui touche les rues de Paris, signalons en passant deux décrets, le premier du 26 mars 1852, et le second du 27 décembre 1858, portant règlement d'administration publique pour l'exécution du décret précédent.

Nous pouvons maintenant aborder le texte de la loi de 1841, qui est encore aujourd'hui fondamentale en cette matière.

Cette loi est divisée en huit titres :

Le premier contient les dispositions préliminaires ;

Le second concerne les mesures d'administration relatives à l'expropriation ;

Le troisième traite de l'expropriation et de ses suites, quant aux priviléges, hypothèques et autres droits réels ;

Le quatrième détermine la manière de régler l'indemnité ;

Le cinquième est intitulé : Du payement des indemnités ;

Le sixième contient les dispositions diverses ;

Le septième, des dispositions exceptionnelles ;

Le huitième enfin renferme un seul article qui prononce l'abrogation des lois de 1810 et 1833.

Nous n'intervertirons pas l'ordre de la loi ; nous diviserons la matière qui nous occupe en autant de sections que la loi contient de titres, le dernier excepté.

SECTION I.

Dispositions préliminaires.

L'art. 1er place la propriété sous la protection de l'autorité judiciaire ; l'expropriation pour cause d'utilité s'opère par l'autorité de justice.

Les tribunaux ne peuvent prononcer l'expropriation qu'autant que l'utilité a été déclarée dans les formes légales, et l'art. 2 dispose que ces formes consistent :

1° Dans la loi ou l'ordonnance royale qui a torise l'exécution des travaux pour lesquels l'ex propriation est requise ;

2° Dans l'acte du préfet qui désigne les loca lités, ou territoires sur lesquels les travaux doi vent avoir lieu, lorsque cette désignation n résulte pas de la loi ou de l'ordonnance royale

3° Dans l'arrêté ultérieur par lequel le préfe détermine les propriétés particulières aux quelles l'expropriation est applicable.

Aujourd'hui et d'après le sénatus-consulte d 25 décembre 1857, c'est l'empereur qui or- donne les travaux d'utilité publique, par dé- crets rendus dans les formes prescrites pour les règlements d'administration publique, c'est-à- dire le conseil d'État entendu. Toutefois si ces travaux ont pour condition des engagements ou des subsides du trésor, le crédit doit être ac- cordé ou l'engagement ratifié par une loi avant la mise à exécution.

Ce sénatus-consulte a eu pour but de modi- fier l'art. 3 qui divisait les travaux en deux classes : 1° des grands travaux, comme les routes nationales, canaux, chemins de fer ; 2° les travaux de moindre importance, comme les routes départementales, les canaux et che— mins de fer, d'embranchement de moins de 20,000 mètres de longueur, des ponts, etc.

Les travaux de la première classe ne pouvaient être ordonnés qu'en vertu d'une loi ; une ordonnance royale suffisait pour les autres.

Une difficulté résulte de la combinaison de la loi 1841 et du sénatus-consulte 1852. Des jurisconsultes ont hésité à maintenir pour les travaux de moindre importance qu'un décret non rendu en la forme des règlements publics fût suffisant ; c'était là une erreur, car le sénatus consulte ne modifie la loi de 1841 que pour les grands travaux, et ne touche en aucune façon à l'ordonnance royale, qui était suffisante aux termes de cette loi pour les travaux de moindre importance. Un arrêt du conseil d'État du 25 mars 1856 a décidé en notre sens.

Le décret doit être précédé d'une enquête *de commodo et incommodo*.

Les formes de cette enquête sont déterminées par une ordonnance du 18 février 1834, qui avait été rendue pour l'application de la loi du 7 juillet 1833, et qui lui a survécu, et par deux autres ordonnances des 15 février et 23 août 1835.

D'abord, un avant-projet est adressé où l'on fait connaître le tracé général de la ligne des travaux, les dispositions principales des travaux les plus importants, à l'appréciation sommaire des dépenses. A cet avant-projet est joint un mémoire descriptif, indiquant le but de l'en-

treprise et les avantages qu'on peut s'en pro-
mettre.

Ensuite il est formé, au chef-lieu de chacun
des départements que la ligne des travaux doit
traverser, une commission de neuf membres
au moins et de treize au plus, pris parmi les
principaux propriétaires de bois de mines, les
négociants, etc., désignés par le préfet, et pré-
sidée par un de ses membres désigné également
par le préfet.

Alors l'enquête commence et les registres
destinés à recevoir les observations restent ouverts, pendant un mois au moins et quatre mois
au plus, aux chefs-lieux de département et
d'arrondissement.

Lorsque les travaux doivent s'étendre sur le
territoire de plus de deux départements, l'a-
vant-projet n'est déposé qu'au chef-lieu de chaque département.

L'ordonnance de 1834, qui exigeait le dépôt
également aux chefs-lieux d'arrondissement
dans ce cas, est modifiée à cet égard par celle
du 15 février 1835.

Les pièces que nous avons mentionnées, et
qui doivent servir de base à l'enquête, restent
déposées pendant le même temps et aux mêmes
lieux.

La durée de l'ouverture des registres est déterminée dans chaque cas particulier par l'ad-

ministration supérieure, et annoncée, ainsi que l'objet de l'enquête, par des affiches.

A l'expiration de ce délai, la commission doit se réunir sur-le-champ pour examiner les déclarations consignées aux registres de l'enquête, entendre les ingénieurs des ponts et chaussées et des mines employés dans le département, et donner son avis motivé tant sur l'utilité de l'entreprise que sur les diverses questions qui auront été posées par l'administration.

La commission dresse procès-verbal de ces opérations, qui doivent être terminées dans le délai d'un mois.

Le président de la commission transmet, sans délai, ce procès-verbal et les autres pièces au préfet, qui l'adresse avec son avis à l'administration supérieure dans les quinze jours qui suivent sa clôture.

Lorsque les travaux ne sont pas d'intérêt général, mais seulement d'intérêt départemental ou communal, il n'y aura pas de commission, son avis est remplacé par la délibération du conseil municipal ; mais les formes générales de la loi du 3 mars 1841 sont applicables à ces travaux.

L'art. 12 s'applique-t-il au cas où les expropriations demandées par une commune portent sur des terrains situés dans une autre comune? En cette circonstance faut-il organiser ou non la commission d'enquête ?

La Cour de cassation a décidé que la commission d'enquête doit être organisée (arrêt du 13 mars 1848). Jusqu'à quel point appliquera-t-on la loi du 3 mai 1841 aux chemins vicinaux? Il résulte de la mention qui en est faite dans l'art. 12 que les dispositions de cette loi leur sont applicables, sauf ce qui concerne la commission d'enquête; il faut aussi y ajouter les exceptions contenues dans la loi du 21 mai 1836. Or on sait qu'il faut, en matière de chemins vicinaux, que le préfet rende deux arrêtés successifs : un premier pour désigner les localités et les territoires sur lesquels les travaux seront exécutés, arrêté qui remplace le décret déclaratif d'utilité publique; un second, pour constater les terrains qui devront être expropriés.

Il résulte de la rédaction de l'art. 12 que la délibération du conseil municipal doit être rendue après que les parties ont été mises en état de présenter leurs observations.

La délibération du conseil municipal sera adressée par le maire au sous-préfet, qui la transmettra au préfet; l'arrêté préfectoral doit être précédé de l'avis du conseil de préfecture à peine de nullité.

SECTION II.

*De mesures d'administration relatives
à l'expropriation.*

Les formalités que nous venons de voir précèdent et préparent le décret déclaratif d'utilité
publique.

Le décret est suivi :

1° De l'exécution d'un plan parcellaire ;

2° De la nomination d'une commission d'arrondissement ;

3° D'un arrêté du préfet qui détermine les
propriétés désignées pour l'expropriation.

1° *Plan parcellaire.* — Les ingénieurs ou
autres gens de l'art chargés de l'exécution des
travaux, lèvent le plan parcellaire des terrains
ou des édifices dont la cession leur paraît nécessaire. Ce plan indicatif des noms de chaque
propriétaire tels qu'ils sont inscrits sur les ma-
trices des rôles, reste déposé afin qu'on en
puisse prendre connaissance. Ce délai court
à partir de l'avertissement donné par affiches
et par insertion dans un journal de l'arrondissement et à défaut du département.

Le maire mentionne dans un procès-verbal

les déclarations et réclamations qui lui sont faites. .

2° *Commission d'arrondissement.* — A l'expiration de la huitaine pendant laquelle le plan parcellaire reste déposé à la mairie, une com-. mission, qu'il ne faut pas confondre avec la commission d'enquête, se réunit au chef-lieu de la sous-préfecture. Cette commission se compose du sous-préfet, président, de quatre membres du conseil général ou du conseil d'arrondissement désignés par le préfet, du maire de la commune où les propriétés sont situées, et de l'un des ingénieurs chargés de l'exécution des travaux. Elle ne peut délibérer qu'autant que cinq au moins de ses membres sont présents. En cas de partage, la voix du président est prépondérante.

Les propriétaires qu'il s'agit d'exproprier ne peuvent en faire partie.

Elle reçoit pendant huit jours les observations des propriétaires, et elle les appelle toutes les fois qu'elle juge convenable de les entendre.

Les opérations doivent être terminées dans les dix jours. Elle donne son avis. Le sous-préfet le transmet au préfet avec le procès-verbal des opérations.

Si la commission n'a pas donné son avis dans le délai voulu, le sous-préfet, dans les trois jours, transmet néanmoins au préfet son procès-verbal et les documenis recueillis.

La commission peut proposer des changements au tracé. Dans ce cas, le sous-préfet, par publications et affiches, en donne avis aux propriétaires. Le procès-verbal et les pièces resteront alors déposés pendant une huitaine à la sous-préfecture, afin que les parties intéressées puissent fournir leurs observations.

Dans les trois jours suivants, le sous-préfet transmet toutes les pièces à la préfecture.

Les observations de la commission ne peuvent porter que sur l'exécution des travaux et non sur leur utilité qui a été reconnue par une autorité supérieure.

3° *Arrêté du préfet*. — Le préfet, sur le vu du procès-verbal et des documents, détermine, par un arrêt motivé, les propriétés qui devront être cédées et l'époque de la prise de possession. Toutefois, si la commission est d'avis que le tracé doit être modifié, le préfet doit surseoir jusqu'à décision de l'administration supérieure.

Passons maintenant à l'expropriation.

SECTION III.

De la cession à l'amiable.

La cession à l'amiable ne dispense pas de la déclaration d'utilité publique. Ce n'est qu'après l'accomplissement des formalités que nous avons vues jusqu'à présent que l'administration est admise à faire une tentative pour obtenir la cession à l'amiable. C'est un devoir pour l'administration d'essayer de traiter avec les propriétaires directement, et d'éviter le moyen extrême de l'expropriation forcée. Du reste, ce traité peut intervenir même après le jugement d'expropriation et avant la fixation de l'indemnité par le jury.

La cession à l'amiable, faite par des personnes capables, est un contrat consensuel soumis au droit commun. Quant aux actes qui sont faits à cette occasion, ils peuvent être passés dans la forme des actes administratifs, la minute reste déposée à la préfecture.

Lorsque les biens qui font l'objet de la cession appartiennent à des incapables, la loi pose des règles particulières tendant à protéger l'intérêt des propriétaires. Ces incapables peuvent être des individus, comme les mineurs, les interdits, les absents, les femmes mariées, ou des personnes morales, comme l'État, les départements, les communes, les établissements publics. Dans le premier cas, les tuteurs, les envoyés en possession provisoire, le mari, enfin tous les représentants des incapables peuvent, après autorisation du tribunal, donnée sur simple requête, signée d'un avoué, car il s'agit ici de la protection d'un incapable, en la chambre du conseil, le ministère public entendu, consentir amiablement à l'aliénation.

Le tribunal ordonne les mesures de conservation ou de remploi qu'il juge nécessaires. Ces dispositions sont applicables aux majorats qui ne sont pas encore éteints. Dans le second cas, c'est-à-dire lorsque les propriétaires sont des personnes morales, l'aliénation est consentie par les tuteurs ou administrateurs. Ainsi les préfets pourront, avec l'autorisation du conseil général, aliéner les biens des départements; les maires, ceux des communes, les administrateurs, ceux des établissements publics, s'ils y sont autorisés par délibération du conseil municipal ou du conseil d'administration, approuvée par le préfet en conseil de préfecture.

Le ministre des finances peut consentir à l'aliénation des biens de l'État.

SECTION IV.

Expropriation.

Si les propriétaires n'acceptent pas les propositions qui leur sont faites par l'administration, l'expropriation doit être poursuivie devant les tribunaux judiciaires.

En conséquence, le préfet transmet au procureur impérial du tribunal dans le ressort duquel les biens sont situés le décret qui autorise l'exécution des travaux et l'arrêté qui détermine les propriétés qui doivent être cédées.

Dans les trois jours, et sur la production des pièces constatant que les formalités ont été remplies, le procureur impérial requiert et le tribunal prononce l'expropriation pour cause d'utilité publique. Mais ce délai, fixé dans l'intérêt de l'État, n'emporte pas déchéance, de sorte que le procureur impérial pourra requérir l'expropriation après les trois jours.

Le rôle du tribunal consiste uniquement à vérifier si les formalités ont été remplies, et non à examiner si l'utilité publique exige le sacrifice des propriétés dont l'expropriation est réclamée.

L'intervention du tribunal est une pure me-

sure de protection contre les actes arbitraires
de l'administration s'il arrivait qu'elle comprît
mal ses droits. En un mot, il n'est pas juge du
fond, mais de la forme.

Mais le tribunal n'a pas à examiner la question de savoir si les formalités voulues ont été
remplies pour l'enquête administrative précé-
dant le décret qui déclare l'utilité publique, car
l'art. 14 de la loi dispose que. sur la production des pièces constatant que les formalités
prescrites par l'art. 2 du tit. 1 et par le tit. 2
de la présente loi ont été remplies, le procureur
impérial requiert, etc. Or l'enquête administrative est prescrite par l'art. 3 du tit. 1.

Le tribunal, par le jugement d'expropriation,
désigne un de ses membres pour remplir les
fonctions de magistrat directeur du jury. Il peut
arriver que les propriétaires consentent à l'expropriation, mais qu'ils refusent comme insuffi-
sant le prix qui leur est offert par l'administration. Dans ce cas, l'expropriation n'a pas besoin
d'être prononcée; le tribunal se contente de
donner acte du consentement sans examiner si
les formalités ont été remplies, et l'indemnité
est réglée par le jury.

Le jugement qui prononce l'expropriation est
publié et affiché par extrait dans la commune
de la situation des biens et inséré dans un jour-

nal de l'arrondissement à défaut du département.

Cet extrait, contenant les noms des propriétaires, les motifs et le dispositif du jugement, leur est notifié au domicile élu dans l'arrondissement de la situation des biens, et dans le cas où l'élection de domicile n'a pas été faite, la notification de l'extrait est faite en double copie, au maire et au fermier, locataire, gardien ou régisseur de la propriété.

Immédiatement après l'accomplissement de ces formalités, le jugement est transcrit au bureau de la conservation des hypothèques de l'arrondissement. Du reste, d'après certains auteurs, ce n'est pas du jugement même que résulte la mutation de propriété, mais de la transcription qui en est faite (loi du 23 mars 1855).

Cette opinion me paraît devoir être repoussée, par la raison que la loi de 1855 n'a eu pour but que d'entourer de publicité la translation de la propriété immobilière ; or les formes à accomplir pour l'expropriation donnent une publicité suffisante.

L'art. 17 de la loi de 1841 dispose que les priviléges, les hypothèques légales et judiciaires seront inscrits dans le délai de quinzaine, à partir de la transcription.

Cette disposition de l'art. 17 serait abrogée d'après quelques auteurs, ce que nous ne pensons pas, en ce qui concerne les hypothèques judiciaires et conventionnelles, par la loi du 23 mars 1855, sur la transcription. Cet article, dit-on, n'est que le reproduction de l'art. 834 du Code de procédure civile qui est abrogé. Le législateur de 1855 a voulu établir une règle générale, hors de laquelle se trouvent seulement les hypothèques légales qui pourront toujours être souscrites dans la quinzaine, à partir de la transcription. Cette idée nous paraît exagérée, et nous penchons à admettre que la loi de 1841 n'a été en aucune façon atteinte par la loi de 1855.

A défaut de l'inscription dans le délai, l'immeuble est affranchi de tous priviléges et hypothèques de quelque nature qu'ils soient, sans préjudice du droit des femmes, mineurs et interdits sur le montant de l'indemnité tant qu'elle n'a pas été payée, ou que l'ordre n'a pas été réglé définitivement, ce qui, depuis la loi du 21 mai 1858, sur les ordres, est devenu le droit commun en matière d'hypothèques légales. Les actions en résolution, en revendication et toutes autres actions réelles ne pourront arrêter l'expropriation ni en empêcher l'effet. Le droit des réclamants sera transporté sur le prix, et l'immeuble en demeurera affranchi.

Dans un but de célérité, la loi décide que le

jugement d'expropriation ne pourra être atta-
qué que par voie de recours en cassation, et
seulement pour incompétence, excès de pouvoir ou vice de forme.

Ce pourvoi doit être interjeté dans les trois
jours, à partir de la notification du jugement,
par déclaration au greffe du tribunal; il doit
être notifié dans la huitaine, soit à la partie,
soit au préfet ou au maire, suivant les circonstances, à peine de déchéance.

Dans la quinzaine de la notification du pourvoi, la chambre civile de la Cour de cassation
est saisie directement, c'est-à-dire sans l'inter-
médiaire de la chambre des requêtes, et elle
doit statuer dans le mois suivant.

L'arrêt, s'il est rendu par défaut, n'est pas
susceptible d'opposition.

S'il arrivait que l'administration, après l'arrêté du préfet, restât un an sans poursuivre
l'expropriation, le propriétaire serait en droit
de présenter requête au tribunal, afin de sortir
de l'incertitude.

Cette requête est transmise par le procureur
impérial au préfet, qui doit, dans le plus bref
délai, envoyer les pièces, et le tribunal statue
dans les trois jours de cet envoi. Mais il est bien
certain que l'administration n'est pas tenue
de subir l'expropriation; elle a le droit de renoncer à ses projets, sauf à les reprendre plus

tard. De sorte que, en réalité, le propriétaire se trouvera toujours, quoique moins immédiatement, sous le coup de l'expropriation.

SECTION II.

Règlement et payement de l'indemnité.

Le titre 4 de la loi du 3 mai 1841 est intitulé du règlement des indemnités. Le législateur désire avant tout que l'indemnité soit réglée à l'amiable ; il veut donc que des offres soient faites à l'administration, et c'est là l'objet du chapitre 1 intitulé : *Mesures préparatoires.*

Mais avant de faire des offres, il faut connaître les différentes personnes qui ont droit à une indemnité. A cet égard, l'art. 21 de la loi divise ces personnes en deux classes : les unes devront être dénoncées à l'adminisiration par le propriétaire, les autres seront mises par des modes de publicité en demeure de se faire connaître. Ainsi il y a des personnes que le propriétaire doit connaître : tels sont les locataires, les fermiers, les usufruitiers, les usagers ; le propriétaire doit donc les dénoncer à l'administration. Mais il y a aussi d'autres personnes que le propriétaire ne peut pas connaître ; ainsi quant aux servitudes il doit dénoncer celles qu'il a consenties lui-même, mais il n'est pas tenu de dénoncer celles qui ont été consenties par ses auteurs.

Les droits d'usage sur les bois et forêts dont il est question dans le Code forestier ne doivent pas être dénoncés.

Quant aux servitudes, la loi nous dit que le propriétaire est tenu de dénoncer « ceux qui peuvent réclamer les servitudes résultant des titres mêmes du propriétaire, ou d'autres actes dans lesquels il serait intervenu, sinon il restera seul chargé envers eux des indemnités que ces derniers pourront réclamer. Les autres intéressés seront en demeure de faire valoir leurs droits par l'avertissement, et tenus de se faire connaître à l'administration dans le même délai de huitaine, à défaut de quoi ils seront déchus de tous droits à l'indemnité. » Quelle est la nature de cette déchéance? Les intéressés qui ne se sont point fait connaître sont déchus de tout droit à indemnité vis-à-vis de l'administration, ou de la compagnie qui a entrepris les travaux ; mais peuvent-ils exercer une action contre le propriétaire?

Il y a des personnes qui soutiennent la négative ; en effet, disent-elles, les termes de l'art. 21 sont absolus : ils seront déchus de tous droits à l'indemnité. De plus, il s'agit de personnes dont les droits ne sont pas connus du propriétaire, et il serait injuste que celui-ci fût exposé à un recours pendant trente ans.

Mais ce système me paraît rigoureux : sans doute : quand il s'agit des imdemnités de la deuxième classe, ils ne peuvent pas, s'ils ont été négligents, demander une indemnité égale au préjudice qu'ils éprouvent, mais il ne faut pas non plus que le propriétaire s'enrichisse à leurs dépens ; il a touché une somme plus forte que celle qu'il aurait touchée, s'ils s'étaient présentés, ils doivent donc pouvoir recourir contre lui. J'invoque de plus, à l'appui de ce système, l'art. 18 de la loi.

Le locataire a-t-il le droit de réclamer contre l'administration une indemnité, lorsque l'acte de bail n'est pas authentique, ou sous seing privé ayant date certaine antérieure au jugement d'expropriation ?

1ᵉʳ *Système*. — Dans ce cas l'administration n'est tenue de payer aucune indemnité ; en effet, d'après l'art. 1328 du Code Napoléon, les actes sous seing privé n'ont de date contre les tiers que... etc.; or l'administration étant un tiers peut opposer le défaut de date certaine. On ajoute que ce principe est particulièrement appliqué aux baux à l'égard des acheteurs par les art. 1743 et 1750 du Code Napoleon. Or, ici, l'administration est un acheteur, et, si l'on admettait le système contraire, des fraudes nombreuses seraient commises au détriment de l'État (C. de cass., 2 fevrier 1845). La date certaine doit être antérieure au jugement qui prononce l'expropriation.

2ᵉ *Système.* — L'administration doit payer une indemnité, au locataire même dans le cas où l'acte de bail n'a pas date certaine antérieure au jugement d'expropriation. On ne peut pas appliquer ici tous les principes du droit civil. Ce système ne présente pas de danger ; en effet, le jury a le pouvoir discrétionnaire d'apprécier les pièces qui lui sont soumises et de voir si elles sont frauduleuses ; si le système contraire était admis, il en résulterait que, si le propriétaire avait dénoncé le locataire à l'administration et que celle-ci ne voulût lui accorder aucune indemnité, le locataire n'aurait eu de recours ni contre l'administration ni contre le propriétaire, (C. de Lyon, 7 août 1855). Dans quelle classe d'indemnitaire placerons-nous les sous-locataires ?

1ᵉʳ *Système.* — On doit, au point de vue de l'art. 21, les assimiler aux locataires, et les placer dans la première classe ; en effet, le mot *lotataire* employé dans l'art. 21, a un sens général, comprenant aussi les sous-locataires et cela résulte de l'art. 15 de la loi qui dit : « Et dans le cas où cette élection de domicile n'aurait pas eu lieu, la notification de l'extrait sera faite en double partie au maire et au fermier, locataire, gardien ou régisseur de la propriété. » Or, dans cet article, le mot *locataire* désigne aussi le sous-locataire. La loi n'a voulu placer dans la deuxième classe que ceux qui ont des droits d'usage dans les bois et forêts ou des servitudes consenties par les auteurs du propriétaire.

2ᵉ *Système*. — Je crois que les sous-locataires font partie de la deuxième classe des indemnitaires et qu'ils doivent par conséquent se faire connaître eux-mêmes à l'administration ; en effet, l'art. 21 établit une obligation onéreuse pour le propriétaire et ne doit pas être étendue au delà de ses termes : il suffit que le propriétaire dénonce le locataire principal, et ce dernier n'est pas non plus tenu de dénoncer le sous-locataire. Cependant la Cour de cassation paraît décider que le locataire principal doit avertir le sous-locataire, mais cette décision me paraît arbitraire.

Avant d'arriver au règlement de l'indemnité par le jury on tâche de s'arranger à l'amiable : alors l'administration notifie aux propriétaires et à tous autres interessés qui auront été désignés ou qui seront intervenus dans le délai fixé par l'art. 21, les sommes qu'elle offre pour l'indemnité. Ces offres sont en outre affichées et publiés conformément à l'art. 6 de la présente loi. Ainsi la loi oblige l'administration de faire des offres, mais lui laisse toute liberté quant au montant de ces offres.

Dans la quinzaine suivante, les propriétaires et autres intéressés sont tenus de déclarer leur acceptation, ou s'ils n'acceptent pas les offres qui leur sont faites, d'indiquer le montant de leurs prétentions ; s'ils gardent le silence, ils sont présumés accepter. Si les offres sont acceptées, il se forme un contrat à l'amiable.

Je rattache ici le cas où, l'offre étant refusée, la prétention n'est pas indiquée.

Tout indemnitaire qui ne se trouvera pas dans le cas des art. 25 et 26 sera condamné aux dépens, quelle que soit l'estimation ultérieure du jury, s'il a omis de se conformer aux dispositions de l'art. 24.

Si, parmi les intéressés, les uns acceptent et les autres refusent, le règlement sera fait à l'amiable à l'égard des uns, et judiciairement à l'égard des autres, sans que ce qui a été décidé à l'égard des uns nuise ou profite aux autres (par exemple s'il s'agit d'un propriétaire et d'un usufruitier).

L'administration n'est pas liée par ses offres et l'indemnitaire par ses prétentions, car il n'y a pas eu concours de volontés. Les offres peuvent donc être réduites, et le montant des prétentions peut être élevé.

Lorsque les offres de l'administration ne sont

pas acceptées, les indemnités sont réglées par le jury spécial, qui est convoqué dans ce but, soit par l'administration, et dans le cas où six mois se seraient écoulés sans qu'elle eût requis la convocation du jury, soit par les parties qui pourront exiger qu'il soit procédé à ladite fixation. Ce droit même nous paraît, malgré des controverses, devoir être accordé aux locataires qui, eux aussi, ont un grand intérêt à sortir de l'incertitude (Cass., 8 août 1859).

SECTION VI.

Jury spécial.

La liste de ce jury est composée de trente-six personnes au moins et de soixante-douze au plus, choisies chaque année par le conseil général sur la liste des électeurs de chaque arrondissement. Le nombre des jurés pour le département de la Seine est de six cents.

Toutes les fois qu'il y a lieu de recourir à un jury spécial, la première chambre de la Cour impériale dans les départements qui sont le siége d'une Cour, et dans les autres départements, la première chambre du tribunal du chef-lieu, choisit en la chambre du conseil, sur la liste dressée par le conseil général pour l'arrondissement dans lequel ont lieu lss expropriations, seize personnes qui forment le jury spécial chargé de fixer l'indemnité, et en outre quatre jurés supplémentaires.

Une raison facile à comprendre a fait exclure : 1° les propriétaires, fermiers, locataires des immeubles expropriés ; 2° les créanciers ayant inscription sur les immeubles ; 3° tous autres intéressés désignés par les propriétaires ou intervenants sans être appelés.

Les septuagénaires, sur leur demande, sont dispensés des fonctions de jurés.

Les jurés opèrent sous la direction du magistrat désigné par le tribunal.

La liste des seize jurés et des quatre jurés supplémentaires est transmise au sous-préfet par le préfet, qui, après s'être concerté avec le magistrat-directeur du jury, convoque les jurés et les parties en leur indiquant au moins huit jours à l'avance le lieu et le jour de la réunion. La notification aux parties leur fait connaître les noms des jurés.

Le directeur du jury prononce une amende de 100 à 300 francs contre tout juré qui, sans motifs légitimes, manque à l'une des séances ou refuse de prendre part à la délibération. Il statue en dernier ressort sur l'opposition que peut faire le juré condamné.

Il prononce également sur les causes d'empêchement que les jurés proposent, ainsi que sur les exclusions ou incompatibilités dont les causes ne seraient survenues ou n'auraient été connues que postérieurerement à l'époque où ils ont été désignés.

Les jurés rayés par suite d'empêchement, exclusions ou incompatibilités, sont remplacés par les jurés supplémentaires dans l'ordre de leur inscription.

En cas d'insuffisance, le magistrat-directeur du jury choisit sur la liste dressée par le conseil général le nombre des jurés et nécessaires pour compléter le nombre de seize jurés. Nous devons maintenant distinguer deux hypothèses : 1° une seule affaire est soumise au jury ; 2° plusieurs affaires lui sont soumises dans une même session.

Première hypothèse. — Une seule affaire est soumise au jury. Le magistrat-directeur du jury est assisté auprès du jury du greffier ou commis greffier du tribunal, qui appelle successivement les causes sur lesquelles le jury doit statuer et tient procès-verbal des opérations.

L'administration a le droit d'exercer deux récusations et la partie adverse a le même droit, de sorte que le nombre des jurés se trouve réduit à douze pour la fixation de l'indemnité.

7

S'il y a plusieurs intéressés dans la même affaire et qu'ils ne s'entendent pas, le sort désignera ceux qui doivent exercer le droit de récusation.

Si les parties refusent ou négligent de récuser en tout ou en partie, le magistrat-directeur du jury procédera à la réduction des jurés à douze, en retranchant les derniers noms inscrits sur la liste.

Le jury spécial n'est constitué que lorsque les douze jurés sont présents. Les jurés ne peuvent délibérer valablement qu'au nombre de neuf au moins.

Le magistrat-directeur met sous les yeux du jury :

1° Le tableau des offres de l'administration et des prétentions des parties adverses ;

2° Les plans parcellaires et les titres ou autres documents à l'appui des offres et demandes.

Les parties ou leurs fondés de pouvoir peuvent présenter sommairement leurs observations. Les avocats et avoués que l'on voit quelquefois figurer dans ces sortes d'affaires, n'y figurent qu'à titre de mandataires ordinaires. De là la conséquence qu'il n'y aurait pas lieu à recourir aux formalités de la procédure en désaveu contre un avoué qui aurait excédé ses pouvoirs.

Le jury peut se transporter sur les lieux ou déléguer à cet effet un ou plusieurs de ses membres, entendre les personnes qu'il croira pouvoir l'éclairer. La discussion est publique.

La loi n'ordonne pas au magistrat-directeur de poser des questions au jury, par analogie avec la manière de procéder en matière criminelle, mais elle ne l'interdit pas ; de sorte qu'il est libre de réglementer la délibération par des questions ou de s'abstenir.

Si des questions sont posées, elles doivent être préalablement soumises aux parties présentes.

Après la clôture de la discussion prononcée par le magistrat-directeur du jury, les jurés se retirent dans leur chambre pour délibérer, sans désemparer, sous la présidence de l'un d'eux, qu'ils désignent à l'instant même.

La loi veut qu'ils délibèrent de suite, et sans se mettre en rapport avec des personnes de l'extérieur, afin d'éviter toute influence.

Ce que nous venons de dire ne doit pas être pris cependant à la lettre ; il est bien certain que le jury pourrait délibérer dans la salle d'audience même, pourvu qu'elle fût évacuée et que le magistrat-directeur lui-même et le greffier se fussent retirés.

Toutefois, en matière, d'expropriation pour cause d'utilité publique concernant les chemins vicinaux, le magistrat-directeur doit assister aux délibérations du jury avec voix délibérative, aux termes de l'art. 16 de la loi du 21 mai 1836.

La loi ne dit pas si le vote doit être secret. On décide généralement qu'il faut appliquer les dispositions de la loi criminelle qui veulent que, pour raison d'indépendance, le vote soit secret.

Deuxième hypothèse. — Plusieurs affaires sont soumises au jury dans une même session. Les affaires peuvent 1° être jugées successivement; 2° être réunies en une seule.

Si ces affaires sont jugées successivement, il y aura autant de jurys distincts qu'il y a d'immeubles expropriés; c'est ce qui a lieu lorsque les parties ne sont pas d'accord pour soumettre ces affaires à un même jury; en effet, chaque partie a le droit d'exercer les récusations (Cour de cassation, 7 juin 1858). En supposant qu'il doive y avoir autant de jurys distincts qu'il y a d'affaires, on peut bien les former tous dès le début de la session, ou bien ne les former que successivement au fur et à mesure que chaque affaire se présente; dans le premier cas, la Cour de cassation a appliqué le principe que la loi n'exige pas qu'il y ait continuité entre la constitution du jury et la délibération (Cour de cassation, 2 janvier 1855). Les jurys distincts qui ne seront pas tous composés de la même manière ne peuvent pas procéder collectivement à des actes d'instruction.

Mais, avons-nous dit, il se peut que les différentes affaires soient réunies en une seule; cela
ne peut avoir lieu que du consentement des
parties. Ces affaires sont alors soumises au
même jury, et il suffit des serments des jurés
lors de leur entrée en fonction pour le jugement de la première affaire.

Il se peut aussi que les différentes affaires
soient divisées en catégories du consentement
des parties, ce qui aura peut-être lieu si certaines parties veulent user du droit de récusation et les autres n'en veulent pas user.
Mais le magistrat-directeur ne doit pas multiplier le nombre des affaires dans une même
catégorie, afin de faciliter les souvenirs des
jurés.

La décision du jury est prise à la majorité des
voix, dit le § 3 de l'art. 38. Il s'agit de la majorité
absolue, c'est-à-dire la moitié des voix plus
une.

S'il se forme plus de deux opinions, celle qui
réunit le moins de voix est obligée de se réunir
à l'une des deux autres (argument de l'art. 117
du Code de pr. civ.).

On pourrait ariver au même résultat par une
autre manière d'opérer, qui consisterait à former
une majorité avec les voix qui ont accordé les
sommes les pllus élevées, sans examiner si elles

appartiennent à deux ou plusieurs opinions. Un exemple rendra plus claire ma pensée.

Supposons un jury de douze membres, cinq veulent accorder 20,000 fr. deux 16,000 fr., et cinq 14,000 fr.

Il est bien évident que les cinq qui sont d'avis que l'indemnité doit être de 20,000 fr. sont, à plus forte raison, d'avis qu'elle soit de 16,000 fr. ; unissons donc ces voix aux deux qui accordent cette dernière somme et nous aurons une majorité.

En cas de partage, la voix du président est prépondérante.

Dans la pratique les votes ne sont pas secrets ; chacun exprime ouvertement et à la main levée son opinion et fait connaître le chiffre de la somme qu'il croit devoir être accordée.

Le jury, par analogie avec ce qui a lieu pour le jury criminel, ne doit pas faire connaître l'opinion individuelle de ses membres.

La mission du jury est de voter les indemnités dues pour expropriations ; il en résulte qu'il ne peut pas, en l'absence du consentement formel des parties, allouer une indemnité non-seulement pour l'immeuble exproprié, mais aussi pour des terrains qui n'ont pas été expropriés : il y aurait là un excès de pouvoir. Si donc le propriétaire est représenté devant le jury, il doit donner un mandat spécial pour que le mandataire puisse consentir à l'aliénation des terrains non compris dans le jugement d'expropriation. Mais si les parties y consentent, le jury peut procéder à l'estimation des terrains même non compris dans le jugement d'expropriation. Le jury ne peut pas, d'un autre côté, se borner à n'estimer qu'une partie des immeubles compris dans le jugement d'expropriation. Le jury n'a pas le droit de fixer des indemnités pour des dommages causés à des propriétés privées par suite de l'exécution de travaux publics ; ces indemnités sont fixés par le conseil de préfecture. L'indemnité fixée par le jury doit être : 1° *pécuniaire*, tel est en effet le sens du mot *indemnité*, et cela du reste résulte de ce que l'administration peut, si l'ayant droit refuse de recevoir l'indemnité, faire des offres réelles et consigner, ce qui ne peut avoir lieu que quand il s'agit d'une somme. Du reste, cela résulte aussi de ce que l'indemnité est préalable; les matériaux provenant de la démolition ne peuvent donc pas être alloués pour faire partie de l'indemnité. De même le jury ne peut pas imposer à l'administration la nécessité d'effectuer certains travaux dans l'intérêt du restant de la propriété. Mais bien entendu ces règles souffrent exception toutes les fois que les parties donnent leur consentement ; 2° *Certaine*. Le jury ne peut donc pas se borner à poser les bases de l'indemnité ; mais sans aucun doute il peut fixer une indemnité à tant par mètre de terrain, lorsqu'il n'y a pas de contestation sur la contenance.

Le jury doit prononcer des indemnités distinctes en faveur des parties qui les réclament à des titres différents, comme propriétaires fermiers, usagers, etc. On n'a pas voulu que le jury fixât une seule indemnité pour tout l'immeuble en bloc, car ce serait susciter des procès entre les indemnitaires; il doit donc y avoir autant d'indemnités distinctes qu'il y a d'indemnitaires. Souvent même il sera convenable d'allouer une indemnité pour telle parcelle de terrain et une autre indemnité pour telle autre parcelle ; c'est ce qu'il faudra faire si, par exemple, une partie de l'immeuble est dotale et une autre paraphernale. Mais une exception existe à cette règle. « Dans le cas d'usufruit une seule indemnité est fixée par le jury eu égard à la valeur totale de l'immeuble; le nu-propriétaire et l'usufruitier exercent leurs droits sur le montant de l'indemnité au lieu de les exercer sur les choses. » Dans ce cas, en effet, il serait difficile de fixer une indemnité fixée par l'usufruit. Le troisième alinéa de l'art. 37 nous dit que « l'usufruitier sera tenu de donner caution; les père et mère ayant l'usufruit des biens de leurs enfants en seront seuls dispensés. » L'usufruitier devrait-il donner caution s'il en était dispensé par l'acte constitutif de l'usufruit? Oui, car la loi ne distingue pas; j'ajoute que quand il s'agissait de l'usufruit portant sur l'immeuble, on comprenait la dispense de fournir caution, tandis qu'il en est autrement lorsqu'il s'agit d'un usufruit portant sur une somme d'argent.

La caution donnée lors de la constitution de l'usufruit pour garantir la restitution de l'immeuble n'est pas tenue pour la restitution du montant de l'indemnité, car ici la responsabilité est plus grande. Si l'usufruitier ne fournit pas caution, le montant de l'indemnité sera placé. Le propriétaire sous condition suspensive de l'immeuble exproprié peut exiger une caution du propriétaire sous condition résolutoire qui a reçu l'indemnité.

Arrivons maintenant au quatrième alinéa de l'art. 37, dont voici le texte : « Lorsqu'il y a litige sur le fond du droit ou sur la qualité des réclamants et toutes les fois qu'il s'élève des difficultés étrangères à la fixation du montant de l'indemnité, le jury règle l'indemnité indépendamment de ces litiges et difficultés sur lesquelles les parties sont renvoyées à se pourvoir devant qui de droit.

Si l'administration conteste à l'exproprié le

droit à l'indemnité, le jury, sans s'arrêter à la
contestation, fixe l'indemnité comme si elle était
due, et le magistrat-directeur du jury en ordonne
la consignation jusqu'à ce que les parties soient
entendues ou que le litige soit vidé.

Il s'agit dans ces textes des indemnités hypothétiques ou alternatives : en droit commun, s'il
s'élève devant un tribunal une question préju-
dicielle pour laquelle un tribunal n'est pas compétent, il renvoie devant le tribunal compétent
et surseoit au jugement du fond ; mais il serait
impossible de procéder de la même manière de
vant le jury; il doit dire : J'alloue telle indemnité
pour le cas où cette question recevra telle résolution ; et c'est là ce qu'on appelle une indemnité hypothétique. En voici un exemple : quelqu'un se prétend locataire de l'immeuble exproprié, mais l'administration lui conteste cette
qualité ; le jury allouera une indemnité pour le
cas où il serait plus tard prouvé que cet indi-
vidu était locataire.

L'indemnité allouée par le jury ne peut, en
aucun cas, être inférieure aux offres de l'administration ni supérieure à la demande de la partie intéressée. C'est l'application de la règle
que le juge ne peut pas statuer *ultra petita*. Du
reste, il ne s'agit pas de la demande primitive,
formulée par le propriétaire, mais de celle qui
est faite devant le jury.

La décision, signée des membres qui y ont concouru, est remise par le président du jury au magistrat-directeur qui la déclare exécutoire, statue sur les dépens et envoie l'administration en possession de la propriété, à la charge par elle de payer préalablement l'indemnité ou de la consigner s'il y a des hypothèques ou autres obstacles au payement. La taxe ne comprend que les actes faits postérieurement à l'offre de l'administration, qui supporte dans tous les cas les frais des actes antérieurs. La décision du jury et l'ordonnance du magistrat-directeur ne peuvent être attaqués que par voie de recours en cassation pour violation de la loi en ce qui concerne la composition du jury (art. 30, § 1, et art. 31, et §§ 2 et 4 de l'art. 34; art. 25, 36) : les documents qui doivent être soumis, le mode de libération (art. 38); la distinction des indemnités lorsqu'elles sont réclamées à différents titres (art. 35); les dépens (art. 40). Il faut ajouter le cas d'excès de pouvoir, par exemple si un juge avait réglé l'indemnité pour un fonds non compris dans l'arrêté du préfet.

Lorsqu'une décision a été cassée, l'affaire est renvoyée devant un autre jury choisi dans le même arrondissement; cependant la Cour de cassation, suivant les circonstances, renvoye l'appréciation de l'indemnité à un jury choisi dans un des arrondissements voisins, quand même il appartiendrait à un autre département. Quant au lieu où ce nouveau jury doit être convoqué, il y a des auteurs qui pensent que ce doit être au chef-lieu de l'arrondissement où l'immeuble est situé, par la raison que la décision seule du jury est cassée et que les procédures antérieures subsistent et que l'ancien magistrat-directeur, continuant ses fonctions, ne le peut que dans le lieu où sont situés les biens. Ce système doit être repoussé selon nous, et il faut convoquer le jury au chef-lieu d'arrondissement où résident ses membres, et c'est au tribunal de ce lieu à nommer un magistrat-directeur ; en effet, le jury forme une sorte de juridiction territoriale, ainsi que cela a été décidé par la Cour de cassation le 24 mars 1857.

Le jury ne connaît que les affaires qui lui sont soumises au moment de sa convocation, et il ne peut se séparer avant d'avoir réglé toutes les indemnités dont la fixation lui est ainsi déférée.

Les opérations commencées par un jury et qui ne sont pas terminées au moment du renouvellement annuel de la liste générale des jurés, sont continuées par ce jury jusqu'à conclusion définitive.

Après la clôture des opérations, les minutes de ses décisions et les autres pièces sont déposées au greffe du tribunal civil de l'arrondissement.

Les noms des jurés qui ont fait le service de la session ne peuvent être portés sur le tableau dressé par le conseil général pour l'année suivante ; il ne faut pas que cette charge pèse toujours sur les mêmes personnes.

SECTION VI.

Règles à suivre pour la fixation des indemnités.

« Le jury est juge de la sincérité des titres et de l'effet des actes qui seraient de nature à modifier l'évaluation de l'indemnité. » Comment concilier ce principe avec les règles que nous avons vues sur les indemnités hypothétiques ? Il faut faire une distinction : 1° si c'est le droit à l'indemnité qui est contesté, par exemple si l'on conteste à quelqu'un sa qualité de locataire, la question devant être résolue par les tribunaux, il y aura une indemnité hypothétique ; 2° si le droit à l'indemnité n'est pas contesté, mais qu'il y ait, par exemple, doute sur la sincérité de l'acte de bail, le jury appréciera.

« Les bâtiments dont il est nécessaire d'acquérir une portion pour cause d'utilité publique seront achetés en entier, si les propriétaires le requièrent par une déclaration formelle adressée au magistrat-directeur du jury dans les délais énoncés aux art. 24 et 27. » S'il s'agit d'un immeuble non bâti, le deuxième alinéa de l'art. 50 accorde le même droit au propriétaire partiellement exproprié, mais sous certaines conditions : « Il en sera de même de toute parcelle de terrain qui, par suite de morcellement, se trouvera réduite au quart de la contenance totale, si toutefois le propriétaire ne possède aucun terrain immédiatement contigu, et si la parcelle ainsi réduite est inférieure à dix ares. »

On peut rattacher à l'art. 50 l'article du décret du 26 mars 1852 (relatif aux rues de Paris), qui permet à l'administration de comprendre dans l'expropriation la totalité des immeubles atteints pour des motifs de salubrité.

Le propriétaire partiellement exproprié et qui a requis l'expropriation totale, peut-il retirer cette offre après qu'elle a été acceptée par l'administration? Les propriétaires raisonnaient souvent ainsi : Nous sommes menacés d'une expropriation partielle, eh bien! requérons l'expropriation totale, et si l'indemnité qui sera fixée par le jury ne nous paraît pas suffisante, nous retirerons notre offre : en effet, l'art. 50 ne consacre le droit de requérir l'expropriation totale que dans notre intérêt, nous pouvons donc y renoncer. Mais je ne crois pas que le raisonnement soit exact. Sans doute, tant que l'administration n'a pas accepté, l'offre peut être retirée, mais une fois qu'elle a accepté, il s'est formé un contrat qui a modifié la situation, et l'offre ne peut plus être retirée.

Lorsqu'un propriétaire partiellement exproprié requiert l'expropriation de la partie restante de sa propriété, cette partie entre-t-elle dans le domaine de l'État grevé des servitudes qui existent sur elle ?

1er *système* : elle est affranchie de ces servitudes ; en définitive il n'y a eu qu'une expropriation pour cause d'utilité publique, et qui, par l'effet de la réquisition, comprend la totalité de l'immeuble ; il faut donc appliquer l'art. 17 de la loi qui déclare l'immeuble exproprié libre de toute charge, et il n'y aura lieu qu'à une indemnité ; si l'on admettait le système contraire, il faudrait suivre pour deux portions du même immeuble des formalités différentes.

2e *système* : la partie de l'immeuble que l'administration a acquise sur la réquisition du propriétaire reste grevée des servitudes. En effet, le droit d'expropriation étant une dérogation au droit de propriété, il doit être restreint aux portions utiles aux travaux publics ; quant aux portions inutiles à ces travaux, elles n'entrent pas dans le domaine public, mais dans le domaine privé de l'État.

Le locataire a-t-il le droit, quand une por-

tion seulement de l'immeuble est expropriée,
de requérir l'expropriation totale de son bail?
Une première hypothèse est celle où le propriétaire use du droit de requérir l'expropriation
totale de son immeuble. L'administration, devenue alors propriétaire de la portion inutile aux
travaux publics, devra respecter le bail; mais
le locataire peut demander ou une diminution
du prix ou la résolution même du bail (art. 1722
C. Nap.). Si, au contraire, le propriétaire ne
requiert pas l'expropriation totale, il y a des
personnes qui pensent que le locataire peut requérir l'expropriation totale de son bail, et que
dans ce cas l'administration sera subrogée à ce
bail; mais l'opinion contraire me paraît préféra-
ble : en effet, l'art. 50 ne parle que du propriétaire, et quand la loi veut y assimiler le locataire,
elle l'y ajoute ; du reste, le locataire pourra demander la diminution du prix du bail ou la ré-
siliation du bail.

«Si l'exécution des travaux doit procurer une
augmentation de valeur immédiate et spéciale au
restant de la propriété, cette augmentation sera
prise en considération dans l'évaluation du
montant de l'indemnité. Nous savons déjà que
cet article abroge l'art. 54 de la loi du 16 septembre 1807, d'après lequel il y avait compensation totale ou partielle entre ce que le propriétaire devait à l'administration pour la plus-

value, et ce qui lui était dû pour l'expropriation partielle de son fonds ; or ce système ayant paru exorbitant, l'art. 51 veut que le propriétaire reçoive toujours une indemnité, qui pourra cependant, à raison de la plus-value procurée au restant de sa propriété pour l'exécution des travaux, être moindre que la valeur de la portion expropriée ; en effet, on ne pouvait pas forcer le propriétaire à faire un contrat aléatoire. Le titre 5 de la loi du 3 mai 1841 traite du payement des indemnités.

« Les indemnités réglées par le jury seront, préalablement à la prise de possession, acquittées entre les mains des ayants droit ; s'ils se refusent à les recevoir, la prise de possession aura lieu après offres réelles et consignation. S'il s'agit de travaux exécutés par l'État ou par les départements, les offres réelles pourront s'effectuer au moyen d'un mandat égal au montant de l'indemnité réglée par le jury : ce mandat délivré par l'ordonnateur compétent, visé par le payeur, sera payable sur la caisse publique qui s'y trouvera désignée. Si les ayants droit refusent de recevoir le mandat, la prise de possession aura lieu après consignation en espèces. »

Le débiteur peut-il, pour maintenir les délais d'exigibilité des créances hypothécaires, offrir au créancier une hypothèque sur un autre immeuble, plus que suffisant pour le payement de la dette ? Non, car l'art. 1131 du Code Napoléon ne peut pas ici être invoqué. Quant à l'art. 55, nous en déjà parlé. Le premier alinéa de cet article nous dit que « quand l'indemnité aura été réglée, si elle n'est ni acquitée ni consignée dans les six mois de la décision du jury, les intérêts courront de plein droit à l'expiration de ce délai. »

Diverses dispositions des titres 2 et 4 de la loi du 3 mai 1841. — Le titre 3 est intitulé dispositions diverses. Les plus importantes de ces dispositions se rattachent à l'exemption du droit d'enregistrement.

Les plans, procès-verbaux, certificats, significations, jugements, contrats, quittances et autres actes faits en vertu de la présente loi, seront visés pour timbre et enregistrés gratis, lorsqu'il y aura lieu à la formalité de l'enregistrement.

Il ne sera perçu aucun droit pour la transcription des actes au bureau des hypothèques.

A cet égard, on peut se demander quels sont véritablement les actes qui sont faits en vertu de l'expropriation ; mais je ne m'arrêterai pas à l'examen de cette question.

Les droits perçus sur les acquisitions amiables faites antérieurement aux arrêtés du préfet seront restitués lorsque dans le délai de deux ans à partir de la perception, il sera justifié que les immeubles acquis sont compris dans ces arrêtés. La restitution des droits ne pourra s'appliquer qu'à la portion des immeubles qui aura été reconnue nécessaire à l'exécution des travaux. Il y a là une exemption à la règle d'après laquelle les droits régulièrement perçus ne sont pas sujets à restitution.

Nous devons dire un mot du droit de préemption si important en ces matières.

Le droit de préemption en matière de travaux publics dont traitent les art. 60 et 62 est le privilége accordé à un propriétaire d'acquérir, s'il le désire, de préférence à tout autre, tout ou partie de l'immeuble qui cesse de faire partie du domaine public.

Le droit de préemption est qualifié de privilége par l'art. 61. Il existe : 1° à l'égard des terrains acquis pour cause d'utilité publique, mais qui n'ont pas reçu cette destination ; 2° à l'égard des terrains qui cessent de faire partie du domaine public, mais après qu'ils y ont été incorporés. Ce dernier cas a été prévu par l'art. 53 de la loi du 16 septembre 1807.

Les art. 60 à 62, au contraire, traitent du premier cas, c'est-à-dire du cas où des terrains, ayant été acquis pour cause d'utilité publique, n'ont pas reçu cette destination.

Sous ce point de vue, le droit de préemption a été critiqué par plusieurs personnes : en effet, ont-elles dit, puisqu'il y a eu expropriation, l'administration est devenue propriétaire des terrains, et l'on ne voit pas trop pourquoi il y a un droit de préemption au profit des anciens propriétaires ; mais il fut répondu que ce droit est ici fondé sur l'équité : en effet, l'expropriation ayant eu lieu pour cause d'utilité publique, le propriétaire partiellement exproprié avait espéré que l'exécution des travaux procurerait une plus-value au restant de sa propriété : or il serait injuste que, après avoir été déçu de cette espérance, il vît un autre prendre possession de la propriété dont il a été exproprié. Si les terrains acquis pour des travaux d'utilité publique ne reçoivent pas cette destination, les anciens propriétaires ou leurs ayants droit peuvent en demander la remise ; si donc ils ont reçu cette destination, il n'y aura pas plus tard lieu au droit de préemption organisé par les articles.

Le droit de préemption existe-t-il au profit des anciens propriétaires ou de leurs ayants droit si les terrains n'ont pas été employés au travail auquel ils étaient destinés, mais à un autre travail d'utilité publique?

1ᵉʳ *Système.* Le droit de préemption existe en effet. Le texte de l'art. 60 est formel, et si

le système contraire était admis, il serait facile
à l'administration d'éluder la disposition de cet
article.

2ᵉ *Système*. Je crois que dans notre hypothèse
le droit de préemption n'existe pas, et en effet,
s'il existait, elle pourrait exproprier ces terrains de nouveau, et de là des procédures inutiles ; j'ajoute que le droit de préemption n'existe
que lorsque l'administration veut revendre : or
ici elle veut conserver (art. 61). Enfin l'administration n'entreprendra pas sans doute un travail
d'utilité publique rien que pour jouer un mauvais tour aux anciens propriétaires.

C'est le ministre des travaux publics qui déclare que tels terrains sont inutiles ; quant à la
vente, elle est faite par l'administration des do-
maines. Il y aura donc excès de pouvoir de la
part du tribunal qui, l'administration ayant
déclaré qu'il y a eu emploi des terrains pour
cause d'utilité publique, veut décider qu'il n'y
en a pas eu. L'art. 66 nous dit que le droit de
préemption peut être exercé par les anciens propriétaires ou leur ayants droits ; il n'y a pas de
difficulté si l'ancien propriétaire continue de
l'être (nous supposons toujours une expropriation partielle); mais supposons qu'il ait vendu
sa propriété, ou qu'il l'ait léguée à quelqu'un à
titre particulier; le droit de préemption sera-
t-il exercé par l'ancien propriétaire ou son héri-

tier, ou bien le sera-t-il par l'acheteur ou le légataire? Le droit de préemption sera exercé en principe par le propriétaire actuel, c'est-à-dire par l'acheteur ou par le légataire particulier. On peut objecter que le vendeur ou le testateur n'a pu céder que les droits qu'il avait au moment de la vente ou du testament, et qu'à cette époque il n'avait pas pu penser au droit de préemption ; mais, comme nous l'avons déjà dit, le droit de préemption a été édicté par des motifs d'équité, et qu'on a voulu aussi, par là, empêcher le morcellement de la propriété.

Le prix des terrains rétrocédés est fixé à l'amiable, et, s'il n'y a pas accord, par le jury, dans les formes ci-dessus prescrites. La fixation par le jury ne peut, en aucun cas, excéder la somme moyennant laquelle les terrains ont été acquis. Il y a là une disposition très-favorable à l'ancien propriétaire.

Les concessionnaires des travaux publics exercent tous les droits conférés à l'administration, et seront soumis à toutes les obligations qui lui sont imposées par la présente loi. Cet article a établi ce qu'on a appelé une *subrogation*. Les concessionnaires sont subrogés aux droits et obligations de l'administration, mais il n'y a pas là une subrogation complète ; ainsi, si le concessionnaire se pourvoit en cassation, il n'est pas dispensé de la consignation de l'amende, tandis que l'État en sera dispensé; de même quant à la compétence : les concessionnaires sont soumis à la compétence des tribunaux ordinaires. Les concessionnaires ne sont subrogés qu'aux droits et devoirs qui résultent pour l'administration de la loi du 3 mai 1841, et encore il ne faut appliquer cette règle qu'avec des distinctions; ainsi dans les articles où il est question du préfet, le concessionnaire lui sera-t-il subrogé? Il faut distinguer. 1° S'il s'agit du préfet intervenant comme magistrat, comme dans le cas où il rend l'arrêté qui détermine les propriétés auxquelles l'expropriation est applicable, le concessionnaire ne lui est pas subrogé. 2° Si, au contraire, il s'agit du préfet qui intervient comme représentant des intérêts de l'État, le concessionnaire lui est subrogé ; ainsi il pourra par exemple provoquer la réunion du jury.

SECTION VII.

Expropriation en cas d'urgence.

C'est dans cette section que se trouve l'innovation la plus importante de la loi, c'est-à-dire la modification des règles que nous avons vues par suite de l'urgence.

Y avait-il nécessité d'établir la règle qu'en cas d'urgence l'indemnité peut ne pas être préalable ? Oui, mais on a dû fournir en ce cas des garanties aux propriétaires.

Cette dérogation au principe de l'indemnité préalable rencontra cependant de vives objections, et fut même rejetée par la chambre des pairs ; plus tard, elle n'a été admise qu'avec des amendements. Ainsi, d'après le projet présenté aux chambres : 1° l'urgence s'appliquait tant aux propriétés bâties qu'à celles non bâties ; or cette disposition était attaquée quant aux propriétés bâties, car, disait-on, l'évaluation en serait difficile après la démolition ; 2° l'urgence était déclarée par arrêté préfectoral, mais on objectait à cela que la déclaration d'urgence est un acte trop grave pour le laisser à la discrétion du préfet ; 3° l'indemnité était fixée par experts, ce qui était critiqué comme une dérogation au principe que l'indemnité doit être fixée par le jury ; 4° le montant de l'indemnité provisionnelle à consigner est déterminé par le tribunal (art. 65, 68 et 75).

Ainsi aucun changement n'est apporté à la période de déclaration d'utilité publique et à celle du prononcé de l'expropriation. Mais quant à la période du règlement de l'indemnité, on déroge au principe de l'indemnité préalable, et quoiqu'il y ait urgence, nous trouvons, outre les actes ordinaires de procédure, d'autres actes intercalés. C'est ainsi que la consignation d'une somme à titre de gage doit avoir lieu, et une fois que l'administration aura pris possession des terrains, on procédera au règlement des indemnités suivant les règles ordinaires. Le montant de la somme à consigner est fixé par le tribunal sur le vu du procès-verbal de consignation, le président ordonne la prise de possession. L'indemnité qui sera déterminée par le jury peut être : 1° égale à la somme consignée, et alors le propriétaire n'aura qu'à retirer cette somme ; 2° supérieure à la somme consignée, et alors le propriétaire ne retirera qu'une partie de cette somme ; 3° inférieure à la somme consignée, et dans ce cas, le supplément doit être signé par l'administration dans la quinzaine de la notification de la décision du jury et, à défaut, le propriétaire peut s'opposer à la continuation des travaux (art. 74).

Le chap. 2 dn titre 7 parle des travaux militaires. A cet égard il faut distinguer les travaux militaires non urgents et les travaux militaires urgents.

Quant aux travaux militaires non urgents, les règles ordinaires s'y appliquent; mais les deux enquêtes qui sont nécessaires dans toute procédure d'expropriation n'auront pas ici lieu : en effet, il y aurait des inconvénients à dis-

cuter les plans militaires conçus par le gouvernement (art. 75).

Quant aux travaux militaires urgents, l'art. 76
de la loi française ne fait que compléter une loi
du 30 mars 1831. A cet égard voici les diffé-
rences qui existent entre les travaux militaires
urgents et les travaux civils urgents : 1° pour
les militaires, l'indemnité provisionnelle est
immédiatement comptée au propriétaire, tandis que pour les civils elle est consignée ; 2° pour
les travaux civils urgents il faut un jugement
qui prononce l'expropriation et un autre qui
fixe le montant de l'indemnité, tandis que pour
les travaux miltaires urgents un seul jugement
suffit ; 3° quand il s'agit de travaux militaires
urgents, une expertise est nécessaire pour la
fixation du montant de l'indemnité provisionnelle ; elle ne l'est pas quand il s'agit de travaux
civils urgents ; 4° quand il s'agit de travaux
militaires, la déclaration d'urgence s'applique
tant aux terrains bâtis qu'aux terrains non
bâtis ; au contraire, quand il s'agit de travaux
civils, la déclaration d'urgence ne s'applique
qu'aux terrains non bâtis.

Nous pensons par ce travail, assez concis du
reste, avoir accompli la promesse que nous
avions faite de donner une idée sommaire des
principes suivis tant dans le droit romain que

dans le droit français en matière d'expropriation pour cause d'utilité. Nous espérons donc
que ce modeste travail sera lu avec bienveillance
par ceux qui l'auront par hasard dans leurs
mains.

Paris. — Imprimé par E. Thunot et C°, 26, rue Racine